Siegfried G. Klein

Tödliche Reise

Vollständig überbearbeitete Neuauflage November 2015

Siegfried G. Klein

Dockenhudener Chaussee 28

D 25469 Halstenbek

E-Mail: sigusklein@kabelmail.de

ISBN: 1517732484

ISBN-13: 978-1517732486

Cover Grafik: SGK

Druck: siehe letzte Seite

Petersen lebte ein ausgesprochen wohlgeordnetes Leben. Die Uhr bestimmte seinen Tagesablauf. Er stand jeden Morgen um die gleiche Zeit auf, joggte fünf Kilometer durch den Park, kam um die gleiche Zeit in sein Büro, aß um die gleiche Zeit zu Mittag und ging um die gleiche Zeit schlafen.

An einem dunklen Donnerstag, Anfang November im Jahr 1998, als er, pünktlich wie immer, um 16 Uhr sein Büro verließ, eilten seine Gedanken gewohnheitsmäßig voraus. Zunächst zur S-Bahn-Station Stadthausbrücke, die ihn, wie jeden Abend, nach Hause bringen würde. Dort wird er sich sein Abendbrot zubereiten und dann bis halb elf das Fernsehprogramm verfolgen. Danach würde er ins Bad gehen und sich auf die Nachtruhe vorbereiten. Doch Petersens so seit einiger Zeit minutiös ablaufender Feierabend nahm eine unerwartete Wendung, als er auf den Stufen zum Eingang seines kleinen Reihenhauses einen Gegenstand liegen sah. Er bückte sich und hob ihn auf. Es war eine Brieftasche, wie er im schwachen Licht der Hausnummer-Beleuchtung erkannte. Verwundert schloss er die Tür auf, machte das Licht an und legte seinen Fund auf das Garderobenschränkchen. Während er Hut und Mantel ablegte, ließ er die Fundsache nicht aus den Augen. Dann nahm er die fremde Brieftasche und ging damit in die Küche. Er setzte sich an den Tisch und legte sie vor sich hin. So verharrte er eine Weile, sie misstrauisch betrachtend. Wie kam die vor seine Haustür? Wenn sie der Besitzer verloren hätte, müsste er doch auf dem Weg zu ihm gewesen sein? Oder hat sie jemand weggeworfen, ein Räuber vielleicht, auf der Flucht?

Es war eine teure Brieftasche aus Reptilienleder mit eingefassten Ecken aus vergoldetem Metall. Petersen klappte sie auf. Ein Reisepass fiel ihm entgegen, ausgestellt auf einen Dr. med. Roland Steinberg. Irgendwie kam ihm der Name bekannt vor. Viele Stempel zeugten von einer regen Reisetätigkeit. Petersen suchte nach einer Adresse. Er fand, neben einigen großen Geldscheinen – die hätte ein Räuber doch sicher als Erstes an sich genommen? - verschiedene Kreditkarten und stahlgestochene Visitenkarten, schließlich den Personalausweis. Der Besitzer wohnte in der gleichen Stadt, im Villenviertel. Peter777sen betrachtete das Foto im Ausweis. Es schien Ähnlichkeit mit ihm zu haben. Zum Vergleich schlug er noch mal den Reisepass auf und stutzte. Es war eine andere Aufnahme, und hier war die Ähnlichkeit mit ihm noch deutlicher. Kopfschüttelnd packte er alles wieder zusammen und beschloss, das Gefundene so schnell wie möglich wieder los zu werden. Mit einem inneren Seufzer verabschiedete er sich von seinem Feierabendprogramm, ging zur Garderobe, griff nach Hut und Mantel und eilte zur S-Bahn. Er wollte seinen

Fund direkt bei diesem Dr. Steinberg und nicht bei der Polizei abliefern. Es könnte ja sein, dass sein Fund in irgendeinem Zusammenhang mit polizeilichen Ermittlungen stand und damit wollte er um alles in der Welt nichts zu tun haben.

Die Adresse befand sich im vornehmen Stadtteil Hamburg-Othmarschern. In einem, von hohen Bäumen bewachsenen Park, eingezäunt mit einem schmiedeeisernen Gitter stand die Villa des vermutlichen Verlierers. Das Tor war nur angelehnt und Petersen schritt entschlossen den Kiesweg hinauf zum beleuchteten Portal. Dort drückte er auf den goldenen Klingelknopf. Augenblicklich wurde die schwere Tür geöffnet und ein junges Dienstmädchen knickste lächelnd.

„Haben Sie Ihre Schlüssel vergessen, Herr Doktor?"

Ehe er sich versah, hatte sie ihn ins Haus gezogen, ihm Hut und Mantel abgenommen und griff hinter die Portiere. Mit Verschwörer Miene hielt sie ihm einen Riesenstrauß Rosen entgegen: „Die Blumen, die ich Ihnen besorgen sollte, Herr Doktor. Die gnädige Frau wartet schon."

Und schon stand Petersen mitten in der Halle, bewaffnet mit einem sündhaft teuren Rosenbukett und sah entgeistert eine schöne, elegante Frau, Anfang dreißig, mit ausgebreiteten Armen auf sich zukommen.

„Wie lieb von dir, Roland, du hast also daran gedacht …"

Stocksteif, die Blumen zwischen sich und der fremden

Frau, ließ er sich deren Umarmung gefallen. Sie nahm ihm den Strauß ab, trat einen Schritt zurück und schüttelte den Kopf.

„Mein Schatz, wie siehst du denn aus! Für wen hast du dich so verkleidet? Du hast wohl wieder Milieustudien betrieben?"

Sie trat erneut an den völlig überrumpelten Petersen und schnupperte an seiner Kleidung. „Du riechst nicht gut, puuuh – ab mit dir ins Bad!" Und zu dem Dienstmädchen gewandt: „Rita, lassen Sie das Badewasser ein und legen Sie für meinen Mann komplett neue Wäsche und einen von den dunkelblauen Anzügen heraus."

Rita lief die Treppe hinauf, und Petersen registrierte unbewusst ihre schönen schlanken Beine. Er war bis jetzt überhaupt noch nicht zu Worte gekommen und versuchte, mit wachsendem Unbehagen, seine Situation zu begreifen. Er hatte ein paar Mal Anlauf genommen, um die Dame des Hauses zu unterbrechen. Aber mehr als ein gestottertes „Äh" wurde er nicht los. Ich bin irgendwie im falschen Film, dachte er, oder war er in eine Falle der „Versteckten Kamera" des Fernsehens geraten? Und dann die Feststellung, dass er „nicht gut rieche", hatte ihn noch mehr verunsichert. Es reichte! Hastig griff er in die Brusttasche seines Sakkos und holte die fremde Brieftasche heraus.

„Hier ..." begann er, aber weiter kam er nicht.

„Ich lege sie auf deinen Schreibtisch", sagte die schöne Frau Steinberg, denn um die musste es sich ja handeln, und schwebte, mit dem Rosenbukett im Arm und der Brieftasche in der anderen Hand, davon. An der Tür drehte sie sich noch einmal um: „Vergiss nicht Schatz, unser Besuch kommt um acht!"

„Das ist doch alles ein Irrtum", rief er mit tonloser Stimme hinterher – sie hörte es natürlich nicht.

Oben am Treppenende stand Rita und winkte ihm lächelnd zu: „Das Bad ist eingelassen, Herr Doktor, kommen Sie!"

Petersen drehte sich um und sah sich im Geiste mit drei Sätzen am Ausgang. Er war aber wie festgenagelt und unfähig, sich zu rühren.

„Herr Doktor!" rief Rita freundlich mahnend.

Petersen war, trotz seines sonst so abstinenten Lebenswandels, gegenüber optischen Reizen hübscher Frauen nicht immun. Und Rita war ein hübsches Mädchen und bei Frau Steinberg konnte man schon von einer Schönheit sprechen. Ihn packte eine ihm bisher unbekannte Neugier. Na, schauen wir mal, grinste er mit aufkommender Abenteuerlust in sich hinein, ihr wollt es ja so, und betont jugendlich lief der 40-jährige die Treppe hinauf.

Rita öffnete ihm die Tür zum Bad. Ein wohlriechender Duft schlug ihm entgegen. Es war eigentlich erst das Vorzimmer oder das Ankleidezimmer zum Bad. Auf einer Bank lagen, fein zusammengefältelt, Unterwäsche, Socken und Oberhemd, darunter standen ein paar schwarz glänzende Halbschuhe. Über einen Herrendiener hingen ein dunkler Anzug, eine Weste und eine geschmackvolle Seidenkrawatte. Auf der Ablageschale funkelten ein Paar goldene Manschettenknöpfe.

„Werfen Sie Ihre alte Kleidung vor die Tür, ich gebe sie dann dem Gärtner zum Verbrennen", sagte Rita und schloss hinter ihm die Tür.

Seine teuren Sachen, die aus einem guten Hamburger Kaufhaus an der Alster stammten, sollten verbrannt werden? Automatisch zog er sich aus und beschnupperte dabei jedes einzelne seiner Kleidungsstücke. Im Kontrast zu den Wohlgerüchen aus dem Bad rochen sie irgendwie nach seinem Büro, aber nun wirklich nicht abstoßend. Er legte sie sorgfältig zusammengefaltet unter die Bank.

Petersen hasste Badewannen, er pflegte grundsätzlich nur zu duschen, heiß und abschließend immer kalt. Bevor er in die Wanne stieg, betrachtete er sich prüfend in der großen Spiegelwand. Er sah eine sportlich schlanke Figur, volles, nach hinten gekämmtes Haar, und seine graublauen Augen schauten ihm jetzt fragend entgegen. Das kann alles nicht wahr sein, schüttelte er, schon fast belustigt, den Kopf und stieg in die Wanne. Ich werde nach dem Bad alles aufklären.

Frau Steinberg stand im Arbeitszimmer ihres Mannes und telefonierte. „Einfach unwahrscheinlich, diese Ähnlichkeit. Ich musste mich sehr zusammennehmen. Aber bis jetzt hat alles geklappt, Schatz", sprach sie verschwörerisch in die Muschel. „Eigentlich scheint er ein netter Kerl zu sein." Sie lauschte der Stimme am anderen Ende. „Nein, keine Fehler", sagte sie dann und legte auf.

Der „Schatz" war Dr. Roland Steinberg, Teilhaber an einer Privatklinik und dort Chefarzt der Neurologie und Psychotherapie. Das Vermögen seiner Frau hatte ihn, mit 45 Jahren noch verhältnismäßig jung, zu dieser Position verholfen. Er schaute auf die silberne Uhr auf seinem Schreibtisch. Halb sieben, er hatte also noch etwas Zeit, sich auf die Begegnung mit seinem Doppelgänger einzustimmen. Die Entdeckung dieses Petersen war ein unglaublicher Zufall, es war wie ein Wink des Schicksals. Vor vier Wochen sah er ihn über den Flur der internistischen Abteilung gehen, als sein Seniorpartner, Dr. Rathjens, sich nach dem Fremden umdrehend hinter ihm herrief: „Roland, warte mal eben!" Der so Angerufene reagierte nicht, und als Roland neben Dr. Rathjens auftauchte, sagte der Mittsechziger kopfschüttelnd: „Ich sehe schon Gespenster, eben bin ich dir dort im Gang begegnet."

Roland erkundigte sich vorsichtig nach diesem Mann, der zur Vorsorgeuntersuchung in der Ambulanz gewesen war, und erfuhr dort Name und Adresse. Er wusste noch nicht, was er mit diesem Wissen anfangen sollte. Über einen Privatdetektiv, mit der er sich anonym traf – weil, wenn der gut ist, würde er auch ihn identifizieren – ließ er Petersen beobachten. Zunächst war er überrascht, wie wenig über den Mann zu berichten war. Eine mögliche, unbekannte Verwandtschaft mit ihm, war auszuschließen. Der Psychologe in Dr. Steinberg vermutete auch schnell ein traumatisches Erlebnis, das Petersen mit seinem gleichförmigen Leben zu kompensieren versuchte. Das machte ihn für Dr. Steinberg noch interessanter.

Vor einer Woche hatte er Charlotte, seine Frau, über die Existenz seines Doppelgängers informiert.

„Wunderbar", hatte sie gelacht, „her mit ihm, du weißt, von deiner Sorte kann ich nie genug kriegen! Was weißt du von ihm?"

„Er heißt Gerhard Petersen, 40 Jahre alt, ist angestellter Betriebswirt bei der Hamburger Wirtschaftsbehörde und lebt allein und präzise nach der Uhr. Keine besonderen Ereignisse konnten in seinem Lebenslauf festgestellt werden."

„Oh, ein Langweiler!" Charlotte verzog ihr schönes Gesicht. „Was hast du mit ihm vor?"

Ich möchte ihn in unser Haus holen. Er wird uns nicht viel Mühe machen. Wir müssen ihn überzeugen, dass er Dr. Roland Steinberg ist. Ich möchte sein Verhalten studieren. Wird er sich in der urplötzlich völlig veränderten Lebenssituation zurechtfinden? Das Ergebnis möchte ich in meinem neuen Buch verarbeiten. Die erste Begegnung mit seinem anderen Ich wirst du beziehungsweise Rita, sein. Ihr müsst ihn überrumpeln und eine mögliche Flucht, die ja durchaus denkbar wäre, verhindern. Danach ist schon viel gewonnen. Ob ich ihn dann noch psychisch subsistieren muss, wird sich zeigen."

„Psychopharmaka?"

„Eventuell." Dr. Steinberg erhob sich. „Ich werde jetzt mit Rita sprechen."

Rita war in der Küche. Sie lächelte ihm entgegen. Er zog sie an sich, und sie legte ihre Arme um seinen Nacken. Nach einem langen, leidenschaftlichen Kuss schob er sie von sich, und noch etwas atemlos klärte er sie über das kommende Geschehen und ihren Part dabei auf. Er war sich sicher, dass sie alles für ihn tun würde. Ihr Verhältnis, oft von langen Pausen unterbrochen wegen seiner Reisen und auch wegen manchmal fehlenden Gelegenheiten, hatte sich verkompliziert. Es dauerte nun schon fast zwei Jahre, und es gelang ihm nicht mehr, die weitere Entwicklung in seinem Sinne zu steuern. Sein Verstand sagte ihm, dass Charlotte es eigentlich wissen zumindest aber ahnen müsse, doch es gelang ihm dann immer, solche aufkommenden Gedanken in ihren Folgen nicht bis in die letzte Konsequenz zu Ende zu denken.

Dann war da noch Frau Köster, die langjährige, ungefähr 60jährige und etwas schwerhörige Haushälterin. Sie kam immer nur am späten Vormittag und ging, nachdem sie das Abendessen vorbereitet hatte, normalerweise gegen 18 Uhr. An den Wochenenden hatte sie frei. Er sah sie nur selten. Kein Problem war auch der Gärtner, ein freundlicher, älterer Mann. Er kam zwei- bis dreimal in der Woche. Wenn er eine Pause machte, hielt er sich hinten im Gartenhaus auf. Im Haus hatte er eigentlich nichts zu suchen. Die Anweisungen erhielt er, soweit überhaupt nötig, von Charlotte. Den Arzt bekam er kaum zu Gesicht. So erwartete er für seine – noch unausgereiften – Pläne keine großen Schwierigkeiten.

Dr. Steinberg erhob sich. Entgegen der Gewohnheit seiner Ärztekollegen trug er nur bei Visiten einen weißen Kittel. Sonst empfing er seine Patienten im eleganten, meist hellgrauen Anzug, und er wusste, dass vor allem seine weiblichen Patienten mehr oder weniger heimlich von ihm schwärmten. Er nahm seinen Mantel vom Bügel, legte ihn über den Arm und griff nach seinem Hut. Auch den behielt er in der Hand. Er hatte, bis vor einer Woche, selten einen Hut getragen, aber seitdem er wusste, dass Petersen nie ohne Hut aus dem Haus ging, versuchte er, sich an die Kopfbedeckung zu gewöhnen. Ein Hut passte auch nicht zu seinem sportlichen Wagen, einem Jaguar, in dem er höchstens mal eine englische Mütze trug. Ein Blick auf die Uhr sagte ihm, dass er sich jetzt auf den Weg machen konnte.

Petersen stieg aus der Wanne. Er fühlte sich richtig gut, als er sich mit dem wunderbar weichen Badetuch abrubbelte. Wenn schon, denn schon, dachte er und griff nach dem bereitliegenden Rasierzeug. Eine Nassrasur würde sein unerklärliches Wohlbefinden noch steigern. Nackend stand er vor dem Spiegel, Rasierschaum im Gesicht, als die Tür vom Ankleideraum geöffnet wurde. Es war Rita, die ihn jetzt ungeniert durch die offene Tür betrachtete.

„Soll ich Ihnen die Haare föhnen?" fragte sie wie selbstverständlich.

Als er sich erschrocken zur Seite drehte und ein „Nein, nein" stotterte, raffte Rita seine Kleidungsstücke zusammen und nahm sie mit hinaus. „Den Tascheninhalt lege ich auf Ihren Schreibtisch", hörte er sie noch sagen.

Petersen erholte sich schnell von dem Schreck. Er war

jetzt bereit, das Spielchen, das man zweifelsohne mit ihm trieb, mitzumachen. Es schien sich da ein Abenteuer anzubahnen – oder war er schon mittendrin? – bei dem er nicht einfach das fremdgesteuerte Objekt sein wollte. Er suchte aus den verschiedenen Fläschchen und Flakons ein berühmtes, teures Rasierwasser aus, gebrauchte auch die anderen Kosmetika, soweit sie ihm maskulin genug erschienen, frisierte sich und begab sich in den Ankleideraum. Es waren alles nagelneue Sachen, die da für ihn bereitlagen. Alles passte wie für ihn geschneidert. Er kannte sich kaum wieder, als er sich im großen Ankleidespiegel betrachtete. Aber das Bild gefiel ihm und ein sonst bei ihm nicht ausgeprägtes Selbstbewusstsein nahm langsam von ihm Besitz. Tief Luft holend öffnete er die Tür und schritt zur Treppe. Ja, ich schreite tatsächlich, stellte er belustigt fest. Unglaublich, was mir in der letzten Stunde alles passiert ist!

Unten an der Treppe wartete schon Frau Steinberg. „Großartig siehst du wieder aus!" strahlte sie ihn an. „Rita …!"rief sie, aber die war schon unterwegs mit einem Tablett, auf dem zwei Gläser standen, in denen der Sekt perlte.

„Nein, dieses Glas", flüsterte Rita, als Charlotte Steinberg nach einem der beiden Kelche griff. Unmerklich warf sie Rita einen dankbaren Blick zu und wandte sich dann an Petersen.

„Lass uns anstoßen, Schatz, und nochmals danke schön

für die herrlichen Rosen. Zweiunddreißig Stück, für jedes Lebensjahr eine. Und hier", sie streckte ihm ihre linke Hand entgegen, an der ein teurer Brillantring blitzte, "den habe ich erst gar nicht zwischen den Blumen gesehen. Ein wunderschönes Geburtstagsgeschenk!"

Petersen wehrte sich gegen die anbahnende Verlegenheit. Er griff nach dem Sektglas wie nach einem Halt und zwang sich ein gönnerhaftes Lächeln ab.

"Herzlichen Glückwunsch", sagte er mit verhaltener Stimme, hob das Glas und nahm einen unanständig großen Schluck. Der Sekt schmeckte irgendwie anders, als er es in Erinnerung hatte, aber wahrscheinlich war es Champagner, und von dem er nicht wusste, wann er ihn zuletzt und überhaupt getrunken hatte.

"Komm, Schatz", sagte Charlotte und hakte sich bei Petersen ein. "Eigentlich wollten wir heute ja ganz allein feiern, aber dein Bruder ist in der Stadt zu einem Internisten-Kongress und hat sich zum Essen angesagt. Ich hoffe, Rolf bleibt nicht zu lange, sonst wirfst du ihn einfach raus."

Einen Bruder habe ich also auch, dachte Petersen, aber ihn schien nichts mehr zu überraschen. Wenn der hier aufkreuzt, wird sich wahrscheinlich alles schnell aufklären. Er wusste schon gar nicht mehr, ob er sich darüber freuen oder es bedauern sollte. Dieser Schluck Sekt – oder war es doch

Champagner? – löste bei ihm eine gewisse Wurstigkeit aus.

Die schöne rotblonde Frau an seiner Seite plauderte unentwegt, während sie ihn ins Wohnzimmer lenkte. Sie dirigierte ihn unmerklich in einen der prachtvollen ledernen Sessel, und Rita stellte das nachgefüllte Glas auf einen kleinen Tisch neben ihn. Er nahm es auf und trank, jetzt vorsichtig, einen Schluck, als es läutete.

„Aha, mein Bruder", bemerkte er irgendwie amüsiert. Frau Steinberg verkniff sich ein Lächeln und verließ das Zimmer, um den vermeintlichen Gast zu begrüßen. Sie stutze, als ihr Mann ihr entgegenkam.

„Muss das sein?"

„Ich denke, das ist so besser", und strich sich über seinen falschen Bart. Ein dunkler Kinn- und Oberlippenbart verzierte sein Gesicht, dazu eine randlose Brille. „Und du kannst uns besser auseinanderhalten", witzelte er.

„Nun?", fragte er nach dem Begrüßungskuss.

„Es läuft bestens, hoffentlich trinkt er nicht zu viel von dem Sekt. Er zeigt schon Wirkung."

„Alles ist genau berechnet", beruhigte er sie. „Ich habe ja seine Werte aus unserem Labor." Sie gingen ins Wohnzimmer.

„Hallo Robert, kleiner Bruder, wie geht es dir? Charlotte hat mir schon von deinem neuen Projekt erzählt."

Der „kleine Bruder" erhob sich und drückte die ihm entgegengestreckte Hand. Ihm war es, als wenn er in einen Spiegel schaute. Ihm schwindelte leicht.

„Hallo Rolf, antwortete Petersen zur eigenen Überraschung. Das war also sein „Bruder", der „Große." Interessiert beobachtete er ihn, wie er sich setzte und an dem Glas nippte, das Rita ihm brachte. Und nun wusste er endlich, wie die schöne Hausherrin hieß: Charlotte! Petersen hatte Schwierigkeiten, seine Gedanken zu ordnen. Er wunderte sich kaum, dass „sein Bruder" ihn so selbstverständlich akzeptierte.

„Ich muss dringend etwas erklären", sagte er mit schwerer Zunge. Doch man nahm seine Worte nicht zur Kenntnis. Eine fröhliche Leichtigkeit befiel ihn. Er hörte Charlotte sagen, ohne das Gehörte einordnen zu können: „Rolf bleibt länger in der Stadt, er wird ein paar Tage bei uns wohnen."

Danach war sein Gehirn wie ausgeschaltet. Er merkte nicht, wie Dr. Steinberg ihn in das obere Stockwerk führte und ihn wie einen kleinen Jungen zu Bett brachte.

Als Dr. Steinberg am nächsten Morgen in der Klinik eintraf, war Dr. Rathjens schon da. Er stand in der Eingangshalle und schien auf Steinberg gewartet zu haben.

„Roland, ich muss mit dir reden."

„Was gibt's?" fragte der, nichts Gutes ahnend.

„Komm bitte in mein Arbeitszimmer." Er wandte sich an die Schwester, die am Empfang saß und auch die Telefonzentrale bediente. „Ich will in der nächsten Stunde nicht gestört werden!"

Er verschmähte den Lift und lief die Treppe bis in den zweiten Stock zu Fuß hinauf. Roland folgte ihm schweigend.

„Setz dich, Roland", sagte Dr. Rathjens, als sie in seinem Arbeitszimmer waren. Er selbst blieb aber an seinem Schreibtisch stehen. Er öffnete eine Mappe, nahm ein Blatt heraus und gab es seinem Partner. „Unsere neuesten Zahlen, Roland, habe ich eben von unserer Buchhaltung erhalten. Wir sind finanziell so gut wie am Ende."

Roland sah nur die unten in rot ausgewiesene Summe: 3,65 Millionen. Er schien nicht sehr beeindruckt. „Jens", sagte er, „dagegen stehen doch ausreichende Werte, Gebäude, Inventar,, Apparaturen und Geräte …"

„Du vergisst, dass wir alles schon belastet haben", unterbrach ihn Dr. Rathjens, „die Bank verweigert uns weiteren Kredit. Die im letzten Jahr neu angeschafften Geräte – denk an das Lungenfunktionslabor oder die Erweiterung des EKG-Zentrums – werden sich wegen der Restriktionen durch die Gesundheitsreform die Kassenpatienten betreffend, noch lange nicht amortisieren. Allein von den Privatpatienten können wir nicht existieren. Und", Dr. Rathjens hob die Stimme,

„dein aufwendiger Lebensstil mit ständig großen Privatentnahmen, hat auch nicht unwesentlich zu dieser Situation beigetragen."

Damit war er bei ihrem ständigen Streitpunkt angelangt.

„Bitte, Jens, meine Entnahmen habe ich durch meine wissenschaftlichen Arbeiten und meine medizinischen Erfolge, die unserer Klinik diesen ausgezeichneten Ruf eingebracht haben, bestimmt kompensiert. Also lassen wir das."

Unbestritten war Dr. Steinberg ein guter Psychologe und Neurologe, in Fachkreisen anerkannt wegen seiner wissenschaftlichen Arbeiten, speziell im Bereich „Therapeutische Anwendung von Suggestionen bei bestimmten Individuen" und seiner präzisen Analytik.

„Das ist richtig. Aber der Zweck deiner Arbeit ist doch sicher nicht die Finanzierung deines, im hanseatischen Sinne nicht ganz seriösen Lebensstils, mit Pferderennen, teuren schönen Frauen und deiner Zweitwohnung in der Stadt? Mit diesem Geld sähe unsere Bilanz weitaus besser aus."

Das mit der Zweitwohnung wusste der alte Knabe also auch. Und „hanseatischer Lebensstil" ist doch wohl mehr bei Kaufleuten angebracht, als bei Ärzten? Nun gut, aber hatte Jens nicht überhaupt die Existenz der Klinik ihm zu verdanken. Ohne sein Geld, eigentlich dem Geld seiner Frau, wäre das Projekt doch nie zustande gekommen.

„Ich werde mit Charlotte sprechen", sagte Roland und erhob sich. „Übrigens", fügte er hinzu, „ich werde ein paar Tage Urlaub nehmen. Kollege Hansen wird mich vertreten."

Nachdenklich sah ihm Dr. Rathjens nach. „Auch das noch …" murmelte er.

Petersen öffnete die Augen und schloss sie gleich wieder. Er hatte eben den Traum seiner Nacht erkannt und wollte ihn festhalten. Da hatte er doch gerade diese schöne Frau, Charlotte hieß sie, leiblich gesehen, wie sie vor dem Spiegel einer Frisierkommode saß und ihr langes, rötlich schimmernd Haar bürstete. Jetzt hörte er sogar das zischende Geräusch, wie die Bürste durch ihre Haare fuhr. Er öffnete erneut die Augen. Sie war es! Sein noch träumender Blick begegnete im Spiegel Charlottes grünblauen Augen. Sie drehte sich lächelnd zu ihm um.

„Gut geschlafen, mein Schatz? Es war wohl etwas reichlich Champagner gestern Abend!"

Sofort spürte er diesen fremden Geschmack des Getränkes auf der Zunge, und seine Gedanken begannen zu kreisen. Was war passiert? Wo war er? Er fühlte die seidene Bettwäsche, nahm undeutlich das fremde Zimmer wahr, aber es gelang ihm nicht, seine Wahrnehmungen vernünftig einzuordnen. Ganz schwach erinnerte er sich an einen bärtigen Mann, der ihm so ähnlich sah – war das im Traum oder in der Wirklichkeit? Aber weiter zurück reichte seine Erinnerung nicht. Nur Charlotte war gegenwärtig, auferstanden aus seinem Traum.

„Charlotte?"

Ein seltsam freudiger Schreck durchfuhr sie, als sie ihren Namen hörte. „Ja mein Schatz?"

„Wo bin ich?" Schwer kamen die Worte über seine Lippen.

Charlotte stand auf und setzte sich zu ihm auf die Bettkante. Sie trug einen schneeweißen Bademantel, und Petersen stieg der verführerische Duft ihrer Morgentoilette in die Nase.

„Du bist zu Hause. Ich habe Jens in der Klinik angerufen und dich entschuldigt. Steh jetzt auf, im Bad liegt alles bereit, wir wollen dann bald frühstücken. Ich habe Hunger!" Sie strich ihm über das Haar und verließ das Zimmer.

Wer war Jens? Petersen gab auf, sein Gehirn weiter zu strapazieren. Da war einfach eine Blockade. Er warf die Bettdecke zurück. Gleichgültig registrierte er, dass das Bettzeug neben ihm auch zerwühlt war. Er schwang sine Beine auf den Boden. Die Füße trafen dabei auf ein Paar lederne Pantoffeln. Er schlüpfte hinein und erhob sich. Körperlich schien bei ihm alles normal zu funktionieren. Durch die offene Tür landete er im Ankleidezimmer. Achselzuckend betrachtete er sich in dem großen Spiegel. Er trug einen eleganten, dunkelblauen Schlafanzug mit einem Monogramm auf der Brust, das er aber wegen der Spiegelschrift nicht entziffern konnte. Das Bad nebenan kam ihm irgendwie bekannt vor. Er zog sich aus und begann mit der Morgentoilette.

Charlotte saß am gedeckten Tisch im Frühstückszimmer, gleich neben der Küche. Rita – er hatte das Mädchen doch schon irgendwann mal gesehen? - brachte eine Kanne Kaffee, schenkte ein und fragte: „Für Herrn Doktor Tee, wie immer?"

„Wie immer Rita."

Petersen stand noch etwas orientierungslos in der Halle. Er trug eine graue Flanellhose, braune Slipper und über dem eleganten, gestreiften Hemd eine leichte, dunkelblaue Strickjacke, auf deren Brust auch wieder ein goldgesticktes Monogramm prangte. Aus einer der vielen Türen kam Rita, ein leeres Tablett schwenkend.

„Guten Morgen, Herr Doktor", grüßte sie fröhlich und hielt ihm einladend die Tür auf.

Das „Herr Doktor" schmeichelte ihm, und freundlich nickend drängte er sich an ihr vorbei, ihren frischen Duft einatmend.

„Na endlich", lächelte Charlotte, „ich sterbe vor Hunger:"

Petersen ließ sich etwas unbeholfen nieder. Charlotte

schenkte ihm Tee ein und legte ihm ein aufgeschnittenes Brötchen auf den Teller.

„Du hast geschlafen wie ein Bär im Winter", sagte sie. „Was war denn mit dir los?"

„Ich weiß überhaupt nichts mehr", schüttelte Petersen den Kopf. „Ich weiß nicht, wer ich bin, wo ich bin, was gestern oder vorgestern war und was ich hier mache." Er sah sich um. „Es ist schön hier, aber was habe ich damit zu tun?" Er nahm einen Schluck Tee. „Äh, ist der bitter!" An irgendetwas erinnerte ihn dieser Geschmack.

„Du hast ja auch kein Zucker genommen", sagte Charlotte nachsichtig und fügte hinzu: „Du bist überarbeitet. Du hast wieder deinen Blackout." Ihre Stimme klang besorgt. „Gut, dass Rolf in der Stadt ist, er wird dir heute Abend helfen."

Ohne Appetit kaute Petersen an seinem Brötchen. Sie ist immer noch da, diese Leere im Kopf, keinen Gedanken brachte er zu Ende. Der Tee schmeckte, trotz der drei Stück Zucker, immer noch bitter.

Charlotte beobachtete in aufmerksam. Sie beschlich ein ungutes Gefühl. Was hatte Roland wirklich mit diesem fremden Menschen vor? An ein wissenschaftliches Experiment konnte sie so recht nicht glauben. Was Robert da machte, war sicher nicht legal. Wollte er sie vielleicht prüfen? In welche Richtung? Ob sie ihm treu war? Unsinn– dann hätte er ihr nicht sein Ebenbild anbieten müssen. Umgekehrt ahnte sie, dass Roland hin und wieder einen Seitensprung wagte, sie wollte es aber gar nicht so genau wissen. Als sie ihn einmal in enger Umarmung mit Rita erwischte, lachte er nur. „Das hat nichts zu bedeuten. Rita hat sich für eine kleine Gehaltserhöhung bedankt. Charlotte ließ es dabei bewenden.

„Ich muss in die Stadt, Schatz, ein paar Besorgungen machen. Wenn du etwas brauchst, rufe Rita. Am besten, du legst dich im Arbeitszimmer auf die Couch." Charlotte stand auf, ging um den Tisch herum und küsste Petersen auf die Wange. „Ich bin bald zurück."

„Ja, Charlotte", zwang er sich zu sagen.

Rita kam und deckte den Tisch ab.

Es war drei Uhr, als Steinberg alias „Rolf", mit falschem Bart und Brille, nach Hause kam. Charlotte war von ihren Besorgungen noch nicht zurück, und Rita empfing ihn mit einer stürmischen Umarmung.

„Deine Frau ist nicht zu Hause!"

Er hörte Frau Köster in der Küche wirtschaften und wehrte sie ab. „Bitte nicht, Rita. Ich muss erst nach unserem Gast sehen. Was macht er?"

„Er liegt im Arbeitszimmer und schläft", antwortete sie schmollend.

Er ließ sie stehen und eilte, mit seinem Aktenkoffer in der Hand, zu Petersen, die Tür hinter sich abschließend. Rita schlich hinterher, legte ihr Ohr an die Tür und lauschte. Als sie nichts hörte, bückte sie sich und spähte durch das Schlüsselloch. Undeutlich sah sie, wie Dr. Steinberg eine Spritze aufzog!

Rita Sommerfeld war kein so naives Blondchen, wie sie ihrer Umgebung glauben machte. Sie hatte schon mit siebzehn ihr Abitur gemacht und war dann ein Jahr als Au-pair-Mädchen nach Paris gegangen, um anschließend Sprachen zu studieren. Dort erreichte sie die schreckliche Nachricht vom plötzlichen Tod ihrer geliebten Eltern. Es war ein mysteriöser Autounfall, der nie richtig aufgeklärt wurde. Rita brach während der Beerdigung mit einem schweren Schock zusammen. Ein entfernter Verwandter brachte sie in die Elbe-Klinik von Dr. Barthels und Dr. Steinberg. Hier hatte sich Dr. Steinberg ihrer angenommen und dafür gesorgt, dass sie auch nach dem Verbrauch ihrer kleinen Erbschaft bis zur vollen Gesundung in der Klinik bleiben konnte. Es entwickelte sich ein sehr vertrautes Verhältnis zwischen den beiden. Als Charlotte ihm erzählte, dass ihr Hausmädchen gekündigt hatte, weil es heiraten wollte, ergriff er die Chance und brachte Rita als Nachfolgerin ins Haus. Es war nur für vorübergehend geplant. Sie war auch der Anlass, dass er das kleine Appartement in der Philosophenallee, nicht weit von der Klinik, mietete. Da könne er ihre weitere Entwicklung verfolgen und sie unterstützen – wie er Rita zu überreden versuchte. Aber Rita, inzwischen völlig genesen, durchschaute ihn. Sie wollte nicht die abhängige Geliebte spielen und rechnete sich durch ihre Stellung im Steinbergschen Haus eine bessere Chance aus, ihr noch nicht genau definiertes Ziel zu erreichen. Und dem schien sich die 21-jährige jetzt zu nähern.

Petersen öffnete die Augen und erkannte undeutlich „seinen Bruder Rolf", der mit dem Rücken zu ihm mit irgendwas hantierte. Jetzt drehte er sich um.

„Du bekommst jetzt eine Spritze von mir, Roland, es wird dir gleich besser gehen.

Das Wort „Spritze" ließ Petersen mit einem Schlag hellwach werden. Es war eine Reaktion aus seinem „früheren Leben". Seit seiner Kindheit hatte er eine höllische Angst vor Spritzen, sie lösten bei ihm lebensgefährliche Allergien aus. Ruckartig setzte er sich auf.

„Um Gotteswillen nein! Keine Spritze! Denk doch an meine Allergie!" Abwehrend streckte er Roland die Hände entgegen.

Der hatte mit dieser Reaktion nicht gerechnet. Wenn Petersen sich trotz der das Erinnerungsvermögen lähmenden Psychopharmaka derartig heftig gegen eine Injektion wehrte, musste es eine pathologische Ursache geben.

„Entschuldige Roland, ich hatte es vergessen." Abschätzend betrachtete er Petersen. Physisch war der Mann völlig in Ordnung. Wenn er gegen ihn Gewalt anwenden wollte, würde er sicher den Kürzeren ziehen. Er wandte sich seinem auf dem Tisch stehenden Medizinkoffer zu.

„Ich werde dir Tabletten geben, nimm hiervon alle zwei Stunden eine."

„Was ist das für Zeug? Was fehlt mir eigentlich?"

„Du hast kollabiert. Ein schwerer Kreislaufzusammenbruch. War wohl alles ein bisschen viel in letzter Zeit, wie mir Charlotte erzählte. Nimm, es ist Dihydergot, ein Präparat zur Stabilisierung des Kreislaufs", log Steinberg.

Petersen nahm das Glasröhrchen, das keinerlei Beschriftung trug. Etwa zehn Tabletten waren darin.

„Rita!" rief Roland zur Tür gewandt, bring bitte ein Glas Wasser!"

Augenblicklich rüttelte Rita an der verschlossenen Tür. Misstrauisch beobachtete Petersen, wie Roland zur Tür eilte und, verdeckt mit seinem Körper, den Schlüssel umdrehte.

„Sie ist doch offen!" rief er vorwurfsvoll und warf Rita einen Verständnis heischenden Blick zu.

„Mit einer Hand habe ich es nicht geschafft", antwortete Rita, auf seinen versteckten Wink eingehend. Sie reichte Petersen das Glas, der die sich auf seiner Zunge aufzulösen beginnende Tablette mit einem kräftigen Schluck hinunterspülte. Dabei verspürte er schon wieder diesen eigenartigen „Champagnergeschmack." Er trank dann das ganze Glas leer und legte sich wieder hin.

„Danke", murmelte er, scheinbar wieder in eine Psychoasthenie zurückfallend. Angestrengt wehrte er sich gegen die aufkommende Müdigkeit. Er nahm noch wahr, dass Charlotte ins Zimmer trat und die Stimmen um ihn erregt klangen. Dann schlief er ein.

„Ich muss mit dir reden, Charlotte", wandte sich Dr. Steinberg an seine Frau, „lass uns in die Bibliothek gehen."

„Ja Roland, das hatte ich auch vor."

Charlotte verließ das Zimmer und Roland folgte ihr, etwas beunruhigt, aber nicht ohne Rita noch schnell zublinzeln. Sie setzte sich in einen Sessel und schlug ihre langen Beine übereinander.

„Ich war auf dem Rückweg noch in der Klinik. Du warst nicht mehr da. Onkel Jens sagte mir, dass du Urlaub nehmen wolltest."

„Möchtest du auch einen Drink?" fragte er, mit dem Rücken zu ihr sich am Barschrank zu schaffen machend.

„Nein." Es klang ungewöhnlich hart.

„Was hat Jens dir noch erzählt?"

„Nichts. Er sagte nur, ich soll auf dich aufpassen. Er ging aber darauf weiter nicht ein."

Roland atmete innerlich auf. „Der gute Jens, er macht sich mal wieder unnötig Sorgen um mich." Er ließ seinen Cognacschwenker kreisen.

„Ich mache mir auch Sorgen. Wie soll das mit unserem „Gast" weitergehen? Ich kann keinen Sinn in deiner ...", sie suchte nach Worten, „... deinem Handeln erkennen."

Den kannst du ja auch gar nicht, Darling, dachte er. In der Stimmung, in der Charlotte jetzt war, konnte er sie unmöglich in seinem Plan einweihen. Laut sagte er: „In drei bis vier Tagen sehe ich klar. Dann wird Petersen uns wieder verlassen. Ich nehme ihn mit zu einem Kongress nach Rio. So lange mußt du beziehungsweise du und Rita, noch mitspielen. Es ist sehr wichtig für mich, für uns."

„Kongress in Rio? So plötzlich? Onkel Jens schien auch nichts davon zu wissen."

Charlotte hatte ein sehr ungutes Gefühl. Sie solle auf ihn aufpassen, hatte Onkel Jens gesagt. Es klang in der Tat sehr besorgt.

„Es ist nicht offiziell, nicht öffentlich. Wir, das heißt ein paar Psychoanalytiker und Neurologen aus verschiedenen Ländern, sind einer stereotaktischen Therapie auf der Spur, von der noch nichts an die Öffentlichkeit gelangen darf. Uns bei meinem Vortrag wäre Herr Petersen ein ausgezeichnetes Demonstrationsobjekt."

„Als Versuchskaninchen?!" Charlotte war entsetzt.

„So eng musst du das nicht sehen. Er wird es selbst gar nicht merken. Und jetzt entschuldige mich, ich muss noch einmal kurz weg. Zum Abendessen bin ich wieder da."

Dr. Steinberg fuhr zum Reisebüro. Er war vorsichtig: Bevor er eintrat, nahm er seinen falschen Bart und die Brille ab. Wenn jemand irgendwann auf die Idee kommen sollte, seine Schritte nachzuvollziehen, darf es keine Ungereimtheiten geben. Er buchte für kommenden Mittwoch einen Flug nach Rio de Janeiro und zurück auf seinen Namen. Der Flug würde über Frankfurt gehen, was ihm gar nicht gefiel. Dann fuhr er zu einem anderen Reisebüro und kaufte für den gleichen Flug ebenfalls ein Retour-Ticket auf den Namen von Gerhard Petersen. Sein nächster Weg führte zu dem Reihenhaus von Petersen. Mit dessen Schlüsselbund fand er Einlass. Er stieg zielstrebig in den ersten Stock, und hinter einer Tür sah er, was er suchte: ein kleines Bürozimmer mit Schreibtisch, kombinierten Telefon- und Faxgerät und Aktenregal. Schnell fand er im

Schreibtisch Petersens Reisepass und steckte ihn ein. Dann schrieb er ein Fax an die Personalabteilung der Wirtschaftsbehörde und bat um Entschuldigung für seine, also Petersens, plötzliche Abwesenheit und beantragte eine sofortige Beurlaubung wegen einer dringenden Familienangelegenheit. Er würde sich in acht Tagen noch einmal melden. Auch für das Hamburger Abendblatt verfügte er eine vorübergehende Lieferunterbrechung. Da außen kein Briefkasten angebracht war, sondern die Haustür einen Briefschlitz hatte, brauchte er sich wegen eines mit Post überquellenden Briefkastens keine Sorgen zu machen. Vorsichtshalber klebte er noch ein Werbeverbot an die Tür. Sich vorsichtig umsehend, verließ Dr. Steinberg das Haus, schloss ab und fuhr zu seiner Villa.

Meine Villa dachte er bissig – das gewaltige Haus hatte Charlotte mit in die Ehe gebracht. Sie hing daran mit jeder Faser ihres Herzens, wie sie einmal sagte, und würde es niemals aufgeben. Damals, in ihrer Verliebtheit, hatte sie ihm grenzenlos vertraut und ihm sämtliche Vollmachten über ihr Haus, Grundstück und Finanzen eingeräumt. Ihr Vermögen hatte er mit ihrem Einverständnis nahezu restlos in die Klinik gesteckt – dass ein angesehen Teil auf seinem privaten Sonderkonto landete, wusste sie natürlich nicht. Er wird ihr aber jetzt eröffnen müssen, dass er auf das Grundstück eine Hypothek aufgenommen hatte und auch das Haus nicht mehr sicher war. Und dieser Schock, so hoffte er, wird sie seinem Plan zustimmen lassen.

Rita hatte das Abendessen schon aufgetragen und lief gerade durch die Halle, als Dr. Steinberg ins Haus trat. Geistesgegenwärtig packte sie ihn und schob ihn wieder hinaus.

„Ihr Bart! Und die Brille!"

Steinberg erschrak. „Danke Rita", stammelte er, und wütend auf sich selbst lief er zurück zum Auto. Aus dem Handschuhfach nahm er seine Maskierungsutensilien und schlüpfte wieder in die imaginäre Figur seines Bruders Rolf.

„Entschuldige Rolf, wir haben schon angefangen", sagte Charlotte, als er in das Esszimmer trat. Petersen machte einen lebhaften Eindruck und lächelte ihm zu. „Mir geht es schon viel besser, die Tabletten wirken enorm".

„Vergiss nicht, bis zum Schlafengehen noch mindestens eine einzunehmen.

Tatsächlich aber hatte Petersen keine weiteren Tabletten eingenommen und hatte auch nicht vor, Rolfs Anordnung zu folgen. Sein Erinnerungsvermögen war im Wesentlichen auf den „Champagnergeschmack" reduziert, aber instinktiv vermutete er dahinter seine Amnesie. Und dann war da noch die undeutliche Erinnerung an die Spritze, die ein unbestimmtes Gefühl der Vorsicht in ihm aufkeimen ließ. So fand Petersen an diesem Abend den Weg allein ins Bett, zufrieden beobachtet von „Rolf": „Er wechselt langsam in seine neue Identität."

„Du bist wahnsinnig! Das kann doch nicht wahr sein!" Charlotte war außer sich. „Du kannst nicht im Ernst erwarten, dass ich das mitmache!"

Dr. Steinberg versuchte erst gar nicht, seine Frau zu beruhigen. Sie sollte sich ruhig aufregen, desto leichter konnte er sie überrumpeln.

Nach dem Essen waren sie in das große Wohnzimmer gegangen, wo er ihr in knappen Worten eröffnet hatte, dass die Klinik nicht mehr zu halten wäre. Auf ihrem Villengrundstück läge eine in ihrer Höhe ausgereizte Hypothek. Und bei den demnächst fälligen Verbindlichkeiten würde die Bank ohne Rücksicht auch auf das Haus zugreifen. „Das Haus! Niemals!" hatte sie ständig wiederholt und sich dann schluchzend in einen Sessel fallen lassen. „Hör zu", hatte er sie unterbrochen, „es gibt eine Lösung. Du musst nur mitmachen, und dann fangen wir von vorne an." Dr. Steinberg begann, ihr seinen Plan in groben Zügen auseinander zu setzten. Er würde von Rio allein, mit neuer Identität und verändertem Aussehen, zurückkehren. Es gab da ausgezeichnete und verschwiegene Kollegen für plastische Chirologie. Im Gepäck würde er eine amtsärztliche Urkunde des brasilianischen Gesundheitsministeriums über den Tod von Dr.med. Roland Steinberg mitbringen, dessen Leiche aus seuchenmedizinischen Gründen an Ort und Stelle verbrannt werden musste. Mit der Urkunde könne Charlotte sich seine Lebensversicherung – immerhin knapp fünf Millionen Mark – auszahlen lassen. Das wäre ihre Rettung.

„Und was ist mit Petersen?" hatte sie gefragt.

„Der bleibt in Rio."

„Tot? Du willst ihn töten?!"

„Ich werde ihn nicht töten." Er betonte unbeabsichtigt das „Ich". Charlottes Erregung klang langsam ab und machte einer unendlichen Enttäuschung Platz. Ihre Gedanken kreisten um ihr Haus, ihr Erbe und um diesen Mann, von dem sie niemals so etwas erwartet hätte. Sie hörte ihn reden, ohne ihn zu verstehen. Ihr wurde langsam klar, dass sie diesen furchtbaren Plan verhindern muss.

Rita hatte hinter der Tür gestanden und gelauscht. Mit steigender Erregung begriff sie, dass der Plan von Dr. Steinberg auch sie in ihrer Existenz bedrohte. Wie sollte sie sich verhalten? Sollte sie versuchen, sich mit Charlotte zu verbünden? Sie müssten Roland, wenn er aus Rio zurückkam, den Totenschein abnehmen und dann die fünf Millionen kassieren. Halbe-halbe müsste Charlotte mit ihr machen, schließlich hatte Rita sie ja in der Hand. Und Roland würde ihr dann auch gehören – wenn sie es noch wollte. Für Rita schienen sich aussichtsreiche Perspektiven aufzutun. Aufgeregt huschte sie auf ihr Zimmer und warf sich aufs Bett. Eine schlaflose Nacht würde ihr bevorstehen, es gab viel zu überlegen!

Auch Petersen erwartete eine unruhige Nacht. Er war in einem seltsam erregten Zustand, als er das Schlafzimmer aufsuchte. Seine bruchstückhaften, nicht einzuordnenden Erinnerungen machten ihn schwindlig. Er war nahe dran, wieder eine dieser süchtig machenden Tabletten zu schlucken. Zwei davon hatte er vorhin in die Toilette geworfen, ohne genau zu wissen, warum. Er zwang sich, wach zu bleiben. Ihm fiel das zerwühlte Bettzeug von heute Morgen neben ihm ein. Charlotte müsste ja bald kommen – wer hätte sonst wohl neben ihm im Bett gelegen. Auf alle Fälle hatte sie vor der Frisierkommode gesessen, als er aufwachte. Ja, ich erinnere mich! Sie saß vorm Spiegel und bürstete ihr Haar! Krampfhaft versuchte er, das Bild festzuhalten, als die Tür geöffnet wurde. Charlotte?! Er erschrak. Gegen das vom Flur einfallende Licht erkannte er die Silhouette von „Rolf", der sich langsam seinem Bett näherte. Angstvoll assoziierte Petersen sein Erscheinen mit der versuchten Injektion heute Nachmittag.

„Schläfst du schon, Roland?"

Petersen murmelte etwas Unverständliches. Er hörte, wie „Rolf" ein Glas auf den Nachttisch abstellte. Mit einem halb geöffneten Auge sah er, wie „sein Bruder" sich zur Tür drehte und das Glasröhrchen gegen das Licht hielt. Zufrieden nickend drehte er sich um und stelle das Röhrchen wieder auf seinen Platz.

„Sobald du wach wirst, musst du unbedingt aus diesem Glas hier trinken, hast du verstanden?" Es klang wie eine Beschwörung und „Rolf" wiederholte den Satz noch einige Male. „Champagner ..." zwang Petersen sich zu flüstern.

„Ja, Champagner", hörte Petersen ihn sagen und erleichtert merkte er, wie „Rolf" zur Tür ging. Dort drehte er sich noch einmal um und sagte, mehr zu sich selbst: Brav, kleiner Bruder", aber das klang irgendwie spöttisch.

Petersen begann zu schwitzen. Je mehr er versuchte, seine Gedanken zu ordnen, desto größer wurde die Qual. Der Wille, das Chaos in seinem Kopf abzustellen, nahm zu. Er setzte sich auf und tastete nach dem Glas auf seinem Nachttisch. Ein Geräusch ließ ihn innehalten. Da war wieder jemand an der Tür. Er ließ sich wieder zurückfallen und schloss die Augen. Ein Lichtschein drang kurz durch seine Augenlider, und dann stieg der Duft eines teuren Parfüms in seine Nase. Charlotte! Endlich! Er hatte das sichere Gefühl, dass, wen er mit ihr reden würde, sie ihm helfen könnte seine Gedanken zu ordnen, um seine vergessene Identität wiederzufinden. Sie näherte sich seinem Bett und blinzelnd sah er, wie sie das Glas von seinem Nachttisch griff und damit auf Zehenspitzen ins Badezimmer ging. Undeutlich hörte er das Wasser plätschern und gleich darauf kam sie zurück und stellte das nunmehr leere Glas wieder an seinen Platz zurück. Dann ging sie vorsichtig um das Bett herum auf die andere Seite. Atemlos merkte er, wie sie die Bettdecke zurückschlug. Vorsichtig drehte er den Kopf in ihre Richtung. Er nahm war, wie sie das Kopfkissen und dann das Oberbett zerknüllte und dann leise wieder zur Tür huschte. Eine große Enttäuschung machte sich in ihm breit. „Charlotte", flüsterte er, aber da war sie schon verschwunden.

Charlotte erwachte im Bett ihres eigenen Schlafzimmers, dass sie die beiden letzten Nächte benutzt hatte. Die Steinbergs hatte, außer dem großen gemeinsamen Schlafzimmer, jeder noch ein persönliches Schlafgemach. Sie fühlte sich hundeelend. Das Gespräch gestern Abend mit ihrem Mann kam ihr vor wie ein böser Traum. Aber es war die Realität. Sie war erst gegen Morgen eingeschlafen, hatte vorher stundenlang gegrübelt, wie sie diesen entsetzlichen Plan verhindern könnte. War das noch der Mann, den sie geliebt und dem sie zehn lange, schöne Jahre blindlings vertrauen konnte? Ja, konnte sie das wirklich? Nie hatte sie an ihm gezweifelt, wollte es auch nicht. Seine kleinen, amourösen Abenteuer übersah sie großzügig – schließlich war er ein Mann, dem die Frauen schamlos hinterherliefen. Sie machen sich gelegentlich gemeinsam darüber lustig. Wie konnte er sich plötzlich so verändern, ohne dass vorher etwas an seinem Verhalten erkennbar war? War es der bevorstehende Ruin seiner Klinik, der ihn zu solchem Handeln fähig machte? War er bereit, nur des Geldes wegen so viel Schuld auf sich zu laden? Fragen über Fragen …

Charlotte hatte keinen rechten Bezug zum Geld. Aufgewachsen in einem steinreichen Elternhaus – ihr Vater, Albert Hillmann, war Teilhaber an dem großen, international bekannten angesehenem Handelshaus Hillmann & Weber – konnte sie sich immer leisten, was ihr gefiel. Ihre Mutter war schon früh gestorben, und sicher ist das mit ein Grund dafür, dass sie als einziges Kind von ihrem Vater so verwöhnt wurde. Er starb vor sechs Jahren an einer bösen Infektion, die er sich auf seinen weltweiten Geschäftsreisen zugezogen hatte. Charlotte erbte das große Grundstück mit der wunderschönen Villa und ließ sich, auf Anraten ihres Mannes, den 50prozentigen Anteil ihres Vaters an dem Handelshaus auszahlen. Mit diesem Geld stieg Roland dann in die damals noch kleine, aber angesehene Privatklinik von Dr. Jens Rathjens ein, dem alten Freund und Hausarzt ihrer Familie. Die Erweiterungen seiner Klinik mit einer Neurologie und Psychiatrie unter Leitung von Charlottes tüchtigem Mann erschienen ihm, im Hinblick auf seine reichen, hypochondrischen Patientinnen, durchaus risikolos. Roland schien aber Maß und Ziel aus den Augen zu verlieren. Umbau und Erweiterungen der Klinik mit Charlottes Geld machten Jens zunehmend Sorgen. Vorsichtig hatte er einmal Charlotte darauf angesprochen, aber die lachte nur: „Onkel Jens, Roland weiß schon, was er will."

Ja, dachte sie, sich müde aufsetzend, er wusste schon immer, was er wollte. Genau genommen hatte er selbstherrlich und meistens ohne sie einzuweihen, über ihr Vermögen verfügt. Er erwähnte höchstens mal nebenbei, diese oder jene Investition veranlasst zu haben und hatte dafür ihr einleuchtende Gründe. Charlotte schüttelte den Kopf. „Charlie", so hatte ihr Vater sie genannt und so sprach sie jetzt zu sich selbst, Charlie, du hast nichts begriffen!

Sie erhob sich, warf ihren seidenen Morgenmantel über und ging, gedankenverloren am Gästebad vorbei, zu ihrem großen, gemeinsamen Badezimmer. Sie öffnete die Tür und blieb, mit abweisender Miene, an der Schwelle stehen. Roland alias Rolf im dunkelblauen Bademantel, mit Brille und Bart, blickte sie im Spiegel grinsend an und drehte sich dann langsam zu ihr um.

„Hey Charlotte, wie gefalle ich dir?"

Erschrocken erkannte sie Petersen hinter der Maskierung! „Ro ..., Ro ..., Ro ...", stotterte sie, und Petersen unterbrach sie: „Roland oder Rolf, ganz wie Sie möchten – oder wollen wir beim Du bleiben? Dieses Zeug hier", er riss sich den falschen Bart ab, „diese Theaterrequisiten hat dein Schauspieler RoRo hier liegen gelassen. Was wird gespielt, Frau Regisseurin?"

Petersen wunderte sich im Stillen selbst über sein selbstsicheres Auftreten. In seinem Kopf waren noch einige Erinnerungslücken und er war entschlossen, diese jetzt mit Charlottes Hilfe auszufüllen. Dass hier ein böses, wenn nicht gar ein kriminelles Spiel mit ihm getrieben wurde, war im langsam klar geworden.

Charlotte musste sich am Türrahmen abstützen. „Ich habe das nicht gewollt", kam es angstvoll von ihren Lippen.

„Ich weiß", lächelte er, „Sie wollen das Theater nicht länger mitmachen. Ich habe Sie heute Nacht beobachtet, wie Sie mir meinen „Schlaftrunk" weggenommen haben."

Charlotte wankte und Petersen sprang hinzu, um sie zu stützen.

„Entschuldigung, ich muss mich setzen." Widerstandslos ließ sie sich durch den Ankleideraum ins Schlafzimmer führen. Hier ließ sie sich auf die Bettkante nieder und begann leise zu weinen. Petersen setzte sich zu ihr und legte den Arm um sie. Die schöne Frau tat ihm auf einmal unendlich leid. Sie legte jetzt den Kopf an seine Brust und ließ ihren Tränen freien Lauf. Nach einer Weile hob sie ihren Kopf und blickte ihn an. Er nahm die seidene Bettdecke und trocknete damit ihr Gesicht.

„Erzählen Sie."

Zur gleichen Zeit stand Dr. Steinberg in der Küche, die Teetasse in der Hand und kaute hastig an einem Brötchen. Er fühlte sich irgendwie unbehaglich. Rita saß auf einem Hocker und beobachtete ihn.

„Was ist los, Rita?"

„Ich danke an unseren Gast. Im ersten Moment machte das Spielchen ja noch Spaß, aber allmählich wird mir die Sache unheimlich. Ich habe Angst."

„Angst? Wovor?" Es gefiel ihm nicht, wie sie ihn ansah.

„Ist das legal, was wir hier mit ihm – wie heißt er eigentlich? – machen? Wie soll die Geschichte weitergehen?"

„Ich werde mit ihm verreisen. In zwei Wochen bin ich wieder zurück. Petersen, so heißt der Mann, wird vorerst in Brasilien bleiben. Am besten du vergisst, dass er jemals hier im Hause war. Wenn ich wiederkomme, wird sich die Situation für uns völlig verändert haben."

„Wie verändert?" Rita gab sich mit Steinbergs Erklärung

nicht zufrieden.

„Wir werden viel mehr Zeit füreinander haben", lächelte er sie an. Und als Rita in weiterhin so seltsam ansah, steigerte er sich noch: „Sehr viel mehr Zeit, Rita!"

„Aber was hat das mit diesem Mann zu tun?" Rita war heute Morgen nicht so einfach abzuspeisen.

„Gar nichts, Rita. Vertraue mir und vergiss ihn, sobald wir abgereist sind." Ersetzte die Teetasse ab und horchte zur nur angelehnten Tür. „Ich muss jetzt weg. Präpariere Essen und Getränke für unseren Gast weiter wie besprochen mit der Medizin. Das ist sehr wichtig."

Dr. Steinberg verschwand durch die Tür zum Garten, ging um das Haus herum zur Garage. Als er in seinem Jaguar in den Innen-spiegel schaute, stellte er ärgerlich fest, dass er schon wieder Bart und Brille vergessen hatte. Nun, jetzt war es nicht mehr so wichtig, aber eben im Haus – wenn Petersen ihn so gesehen hätte! Warum hat Rita nichts gesagt?

„Es tut mir unendlich leid, dass ich alles soweit mitge-macht habe. Aber jetzt bin ich erleichtert. Ich bitte viel- viel-mals um Entschuldigung."

Sie saß immer noch auf ihrem Bett, angelehnt an die Schulter des neben ihr sitzenden Petersen. Der legte jetzt ihre Hand zurück, die er so lange gehalten hatte, und erhob sich. Er hatte zuerst ungläubig, dann mit zunehmender Spannung

Charlotte zugehört. Sein erster Gedanke war Flucht – nur weg von hier. Aber gleichzeitig spürte er, diese schöne Frau in seinem Arm braucht ihn jetzt – und er brauchte sie. Er kannte nun seinen richtigen Namen, wenn auch nur den Nachnahmen, mehr fiel Charlotte nicht ein. Sie wollte nachher im Schreibtisch ihres Mannes nach Petersens Papieren suchen. Die Erinnerung an seine wahre Identität, wo er wohnte und arbeitete, war immer noch verschwommen. Jedes Mal wenn er seine Gedanken zurückschickte und wenn er glaubte, dass er nahe dran war, in diese dunkle, wabernde Masse in seinem Hirn einzudringen, blockierte irgendetwas Unbekanntes jede weitere Erinnerung.

„Sie brauchen sich nicht zu entschuldigen, Charlotte, vielmehr habe ich Ihnen zu danken für Ihre Offenheit".

Er ging in dem großen Schlafzimmer ein paar Schritte auf und ab und versuchte, immer wieder den Kopf schüttelnd, das Unglaubliche, ja Ungeheuerliche, das er erfahren hatte, richtig einzuordnen. Einen Moment hatte er daran gedacht, die Polizei zu rufen. Aber er verwarf den Gedanken sofort wieder. Damit würde er Charlotte sicher in Schwierigkeiten bringen, und das wollte er auf keinen Fall. Wie sollte es nun weitergehen?

In seinen Überlegungen hinein erklang Charlottes Stimme: „Was machen wir jetzt? Die sagte „wir" bemerkte er mit einem wohligen Gefühl. Er setzte sich wieder zu ihr.

„Ich weiß es nicht, noch nicht. Ich muss hier erst mal Ordnung reinbringen." Er tippte mit seinem Zeigefinger an seine Schläfe. „Das Beste ist, wir machen zunächst weiter so, wie bisher. Nehmen Sie die Bartperücke und sagen Ihrem Mann, Sie hätten sie noch rechtzeitig gefunden."

Charlotte nickte. „Danke, Peters …" Sie stockte und sah ihn an. „Ich nenne Sie einfach Peter, bis wir Ihren richtigen Namen kennen." Sie konnte schon wieder etwas lächeln.

Er lächelte zurück: „Einverstanden, Charlotte. Übrigens, wie weit ist Rita in diese Sache eingeweiht?"

„Sie ist Roland hörig, aber ich glaube nicht, dass er sie bis ins Letzte unterrichtet hat. Sie hat die Aufgabe, mit den Tropfen, die sie von Roland bekommen hat, Ihre Getränke und das Essen zu präparieren. Also aufpassen!"

„Gut". Petersen stand auf und zog Charlotte mit hoch. Ein paar Sekunden standen sie sich ganz nahe gegenüber. „Wir müssen uns jetzt anziehen, und dann sehen wir uns beim Frühstück. In zwanzig Minuten?"

„In zwanzig Minuten, Peter."

Das Verhalten von Rita vorhin in der Küche hatte Dr. Steinberg etwas verunsichert. Er saß im Auto, unterwegs in die Stadt, und beschloss, seine und Petersens Abreise vorzuverlegen. Es war nicht abzusehen, wie sich die Situation in den nächsten Stunden entwickeln würde. Er musste jetzt alles kurzfristig arrangieren. In Rio war jetzt später Frühling. In einem guten Kaufhaus am Jungfernstieg besorgte er die entsprechende Reiseausrüstung für sich, denn sein „Halbbruder", wie er Petersen künftig nennen würde und sich damit ihre verschiedenen Nachnahmen erklärten, reiste ja auf seinem Namen und bekommt seine Garderobe und Utensilien. Dann fuhr er zu dem Reisebüro, bei dem er den Flug für Mittwoch für sich gebucht hatte. Er erkundigte sich nach dem nächstmöglichen Flug nach Rio de Janeiro. Es waren noch einige Plätze frei in der morgen gegen 16 Uhr von Hamburg nach Frankfurt abgehenden Maschine. Einen Direktflug von Hamburg nach Rio gab es nicht. Sie mussten in Frankfurt umsteigen. Ergeben ließ Dr. Steinberg seinen ursprünglichen Flug umbuchen. Auch in dem anderen Reisebüro, wo er den Flug für Petersen gekauft hatte, konnte er den Abflug auf Morgen umbuchen. Mit seinem Handy führte er ein kurzes Gespräch mit Charlotte und eilte dann zum Postamt in der Mönckebergstraße, das er kurz bevor es um zwölf Uhr schloss, erreichte. Er kaufte für 50 Mark eine Telefonkarte und verschwand in einer Sprechkabine. Es wurde ein langes, in Englisch geführtes Gespräch mit einem Mister Janio Coello in Rio de Janeiro. Janio war auch Arzt, ein Chirurg, dem man allerdings die Zulassung entzogen hatte. Steinberg hatte ihn vor einem Jahr, als er zu einem Neurologen-Kongress in Rio war, nachts in einer Bar an der Copacabana kennengelernt. Der leicht korpulente, schwarzhaarige und dicke Brasilzigarren paffende Mann machte absolut keinen seriösen Eindruck auf Steinberg, schien aber in Geld zu schwimmen. Er trug einen weißen, leicht zerknitterten Seidenanzug, auf dem Kopf einen Panama, und das offene dunkelblaue Hemd ließ einen Blick auf seine braune Brust frei, in der Haaren sich das an einem Goldkettchen baumelnde Kreuz versteckte. Sein Alter war schwer zu schätzen, es könnte zwischen 40 und 50 liegen. Die Approbation, so erzählte er mit verblüffender Offenheit, hatte er verloren, weil ihm ein verbotener Handel mit menschlichen Organen vorgeworfen wurde. Es hörte sich so an, als wenn es sich dabei um ein normales Geschäft handele, wie es in Rio gang und gäbe wäre. Steinberg war fasziniert, einmal von der Psyche dieses Menschen, aber auch davon, wie die Organbeschaffung funktionierte und wie der Handel damit organisiert war. Er traf sich während seines Aufenthalts in Rio noch ein paar Mal mit ihm. Der Mann schien Gott und die Welt, vor allem aber die Unterwelt, zu kennen, und mit gemischten Gefühlen stellte Steinberg fest, dass sie sich gegenseitig irgendwie sympathisch fanden. Janio gab ihm seine Karte, ohne Adresse, nur mit einer Telefonnummer, über die er erreichbar war. Er stände dem médico alemão bei fast allen erdenklichen Problemen zur Verfügung.

Steinberg hatte später das Gefühl, dass dieser Chirurg der bessere Psychologe von ihnen beiden war, jedenfalls hörte er nicht auf, sich mit diesem Mann zu beschäftigen. Einmal hatte er ihn aus der Klinik angerufen, ohne bestimmten Grund, nur weil ihm mal wieder Janios Karte in die Hand gefallen war. Eine fremde Männerstimme gab ihm eine andere Telefonnummer, unter der Janio zu erreichen wäre, aber auch da bekam er ihn erst nach diversen Fragen zu seiner Identität an den Apparat. Janio schien sich riesig über den Anruf zu freuen, stellte keine Fragen nach dem Grund des Anrufs und nach drei Minuten verabschiedeten sie sich wieder, herzlich wie alte Freunde.

Nachdem Steinberg das Gespräch beendet hatte – die Telefon-karte war fast aufgebraucht, er ließ sie einfach im Apparat stecken – fuhr er noch einmal zur Klinik. Janio Coello wollte ihm ein Fax mit allen Informationen für seinen und seines Halbbruders geplanten Aufenthalt in sein Büro schicken. Der Zeitpunkt, Dr. Barthels nicht anzutreffen, war günstig. Am Sonnabend genehmigte Jens sich eine verlängerte Mittagspause und war meist nicht vor 15 Uhr zurück. Er hatte Glück. Auch seine und Dr. Barthels gemeinsame Sekretärin war nicht in ihrem Zimmer. Das Fax aus Rio steckte schon im

Gerät. Schnell faltete er es zusammen und steckte es ein. Er konnte die Klinik wieder verlassen, ohne Jens zu begegnen.

Als Petersen zum Frühstück herunterkam, saß Charlotte schon an ihrem Platz. Sie rief Rita, sie könne jetzt den Tee bringen. Als Rita erschien, hielt Charlotte ihr das Glas mit ihrem Orangensaft entgegen.

„Ich mag heue nicht", und ehe Rita es nehmen konnte, ließ Charlotte es los. Mit einem klatschenden Geräusch fiel es aufs Parkett und zerbrach. „Oh, wie ungeschickt von mir, entschuldige Rita, aber ich fühle mich heute Morgen nicht so gut."

„Das kann ich verstehen", sagte Rita, und als sie Charlottes er-staunten Blick sah, verbesserte sie sich: „Das sieht man Ihnen an meine ich. Entschuldigung", sie machte einen Bogen um die Pfütze auf dem Fußboden, „ich bringe das gleich in Ordnung."

Im Hinausgehen sah sie noch mit Erleichterung, wie der falsche Doktor einen kräftigen Schluck aus seinem Glas nahm. Sie hatte heute die Tropfen in den Saft und nicht in den Tee getan.

Petersen hatte den Trick mit dem Glas gleich durchschaut. Es war natürlich sein präpariertes Getränk, das da auf dem Boden schwamm. Rita kam mit Wischtuch und Kehrschaufel zurück und machte sich auf dem Parkett zu schaffen. Dabei beobachtete sie Charlotte, die an diesem Morgen doch etwas verwirrt zu sein. Anstatt Tee schenkte sie Petersen aus ihrer Kaffeekanne ein. Sie konnte ja nicht wissen, dass der Tee heute „sauber" war. Petersen trank sofort und murmelte etwas vor sich hin. Dann schien sie ihren Irrtum bemerkt zu haben.

„Entschuldigung", sagte sie, „das ist Kaffee", und wollte ihm die Kaffeetasse wieder wegnehmen.

„Nein, nein, ist schon gut", wehrte er ab.

Sie aßen beide kaum etwas, und Petersen zog sich anschließend sofort ins Arbeitszimmer zurück. Charlotte half Rita beim Tischabdecken. In der Küche schenkte sich Rita vor Charlottes Augen demonstrativ aus der Teekanne ein und schlürfte genüsslich aus ihrer Tasse.

„Rita! Das ist doch der Tee für unseren Gast!" Sie schien entsetzt.

Rita lächelte. "Keine Angst, heute war der Saft an der Reihe. Sie haben nichts falsch gemacht."

Charlotte war hellwach. „Was soll ich falsch gemacht haben?" Sie blickte Rita fast drohend an.

„Na, das mit dem Kaffee. Es hat ja alles geklappt. Er hat den Saft ja getrunken", beschwichtigte sie.

Charlotte überlegte, wie sie Rita eine Weile aus dem Haus haben könnte. Sie musste doch noch so viel mit „Peter" besprechen. An den Wochenenden kochte Charlotte oft selbst, und so könnte sie Rita jetzt noch losschicken, um ein paar Dinge einzukaufen.

„Rita?"

„Ja?"

„Rita, ich möchte für heute Abend gefüllte Pasteten machen, ich brauche dazu noch ein frisches Huhn vom Markt und ein Dutzend Blätterteigpasteten. Bäcker Johansen hat die Besten. Würden Sie mir die Sachen bitte noch besorgen?"

„Wir haben doch noch Geflügel in der Tiefkühltruhe!"

„Ich möchte aber frisches Fleisch verarbeiten. Also bitte ...“

„Meinetwegen."

Rita band die Schürze ab und verließ die Küche. Charlotte wartete, bis sie die Tür zu den Garagen klappen hörte und Rita schließlich mit ihrem Golf davonfahren sah. Dann eilte sie durch die Halle zum Arbeitszimmer. Petersen saß im Sessel, ein medizinisches Magazin in der Hand. Als er Charlotte sah, legte er das Heft beiseite und erhob sich. Sie ließ sich in einen anderen Sessel fallen. „Bitte behalten Sie doch Platz".

„Ich habe nachgedacht. Wenn ich davonlaufe, wäre das die schlechteste Lösung. Jedenfalls für Sie. Ich möchte Ihnen helfen, Charlotte. Außerdem bis ich neugierig, wie Ihr Mann die Sache erledigen will. Ich kann mir nicht vorstellen, dass er mich als „Dr. Roland Steinberg" umbringen will, um an die Versicherungssumme zu kommen. Töten könnte er mich auch hier. Sicher, die Identifikation und Beseitigung meiner Leiche ist in Brasilien wahrscheinlich einfacher. Ich habe aber keine Angst vor ihm." Er setzte sich wieder.

„Aber ich habe schreckliche Angst, dass etwas Schlimmes passiert. Roland hat wahrscheinlich Freunde oder Helfer in Rio, und wenn er sich etwas in den Kopf gesetzt hat, führt er es auch mit allen Konsequenzen durch."

„Sollte er wirklich zu solch einem Verbrechen fähig sein, dann hat er Sie nicht verdient, Charlotte. Ich wollte Sie nicht in Schwierigkeiten bringen, aber ich glaube, jetzt ist der richtige Zeitpunkt, die Polizei einzuschalten. Sie müssten gegen Ihren Mann aussagen, mit allen Konsequenzen für Sie. Ein Skandal ließe sich kaum vermeiden."

„Was soll ich aussagen? Ich habe doch keinerlei Beweise. Es sind doch alles nur Vermutungen, wenn auch reale. Das Einzige, was im Moment vielleicht nachweisbar ist, wäre eine Körperverletzung an Ihnen. Aber auch das ist ziemlich vage. Damit wären aber seine und auch meine Existenz vernichtet."

„Sie lieben ihn trotzdem noch?"

„Ich weiß nicht. Kann man über Nacht aufhören, jemanden zu lieben?" Charlotte unterdrückte ein Schluchzen. „Ich habe mich von ihm abhängig gemacht, oder besser: machen lassen. Aber es ist schon ungeheuerlich, was er mir jetzt zumutet." Sie konnte die Tränen nicht mehr zurückhalten.

Petersen stand auf und setze sich auf ihre Sessellehne. Er legte seine Hand auf ihre Schulter und sagte noch einmal: „Dieser Mann hat Sie nicht verdient." Es hörte sich an wie eine endgültige Feststellung. Er strich ihr übers Haar, erhob sich und begann schweigend im Zimmer auf und ab zu gehen. Charlotte lehnte sich zurück und schloss die Augen.

Nach einem langen Schweigen riss sie das Läuten des Telefons aus ihren Gedanken. Charlotte war einen Augenblick fast starr vor Schreck. Nach dem dritten Klingelzeichen hob sie ab. Es war Roland. Sie drückte auf die Lautsprechertaste.

„Hör zu, Charlotte, es hat sich etwas geändert. Ich, nein wir, wir werden schon Morgen fliegen und …"

Charlotte, die eine gute Nachricht erwartet hatte, unterbrach ihn. „Schon Morgen? Aber das geht doch nicht!" Es klang hilflos.

„Was ist los? Was macht mein Double?"

Petersen gab ihr durch Gesten zu verstehen, dass er schlafe.

„Ich glaube, er schläft", sagte sie.

„Gut. Pass auf, dass Rita die Medikation weiter so fortführt, wie ich es ihr gesagt habe. Pack alles zusammen, was unser Mann für die Reise braucht. Ich habe mir selbst neue

Sachen besorgt. In Rio ist jetzt Frühling. Wir fliegen morgen Nachmittag."

„Du willst tatsächlich diesen schrecklichen Plan durchführen? Ich kann es nicht glauben!"

„Charlotte!" Scharf drang Rolands Stimme aus dem Lautsprecher. „Wir haben keine Wahl!" Er betonte jedes einzelne Wort. „Und nun tue, was ich dir gesagt habe!"

„Ja. Du hast Deinen Bart im Bad liegen gelassen."

„Hat er ihn gesehen?"

„Ich glaube nicht. Wann kommst du nach Hause?"

„Bald."

Das Gespräch war beendet. Petersen hatte atemlos zugehört. Entschlossen richtete er sich auf. „Dieser Mann ist ein …"

„Bitte sag's nicht!" Charlotte war aufgesprungen und legte ihre Hand auf seine Lippen. „Bitte", wiederholte sie.

Sonntag. Grau und schwer hing der nasse Nebel in den Bäumen. Das Taxi hupte schon auf dem Weg zum Portal der nur schwach beleuchteten Villa Steinberg. Rita trat vor die Tür und machte dem Fahrer ein Zeichen, dass er noch einen Moment warten solle. Sie stellte zwei Koffer und zwei Reisetaschen vor die Tür. Der Fahrer verstaute sie im Kofferraum seines Wagens. Dann erschien mit müden Schritten Petersen in der Tür, am Arm geführt von Dr. Steinberg. Geistesabwesend lächelnd setzte sich Petersen auf den hinteren Sitz. Dr. Steinberg setzte sich zu dem Fahrer.

„Zum Flughafen. Terminal zwei."

Zwei Augenpaare verfolgten den Wagen, bis er die Ausfahrt passiert hatte und in die Straße einbog. Rita stand auf der Treppe, umrahmt von dem Portal im Gegenlicht der offenen Haustür, und winkte den Abfahrenden hinterher. Dr. Steinberg hatte ihr noch ein kleines Päckchen in die Hand gedrückt. „Gut aufheben, Rita, bis ich wiederkomme." Charlotte beobachtete die Szene vom Fenster des Gästezimmers. Roland hatte sie beim Frühstück gebeten, dass sie ihn und Petersen zum Flughafen fahren sollte. Sie hatte sich aber, ungewöhnlich entschieden, geweigert.

Als er gestern nach Hause gekommen war, wollte Charlotte ihn zurückhalten, das Arbeitszimmer zu betreten.

„Dein Bart", flüsterte sie.

„Lass man", schob er sie beiseite, „der Bart ist ab." Ihm waren Bedenken gekommen, mit einem falschen Bart durch die Passkontrolle am Flughafen zu spazieren. Er wollte Petersen jetzt mit seinem wahren Gesicht – natürlich nur optisch – konfrontieren.

„Der Bart ist ab", wiederholte er betont fröhlich, als er das Arbeitszimmer betrat. „Wie sehe ich aus?"

Petersen blickte nur kurz auf und nickte ihm zu. „Ich bin müde."

„Das kriegen wir schon hin. Ich werde dich zu deinem Kongress morgen nach Rio begleiten. Du brauchst dir keine Sorgen zu machen."

„Aber ich habe mich doch gar nicht vorbereitet", schien ein Gedanke in ihm aufzublitzen.

Dr. Steinberg triumphierte innerlich: Er fängt an, sich mit seiner Rolle zu identifizieren. Beruhigend sprach er auf Petersen ein: „Ich habe alle Unterlagen zusammengestellt, in spätestens zwei oder drei Tagen bist du wieder in Ordnung."

„Danke Rolf", sagte Petersen matt.

Nachts war Charlotte in Petersens Schlafzimmer geschlüpft und hatte ihm eine Brieftasche gebracht mit ein paar Geldscheinen und einem Zettel, auf dem sie das wenige notiert hatte, was sie noch über seine Identität herausbekommen hatte.

„Ich bleibe aber bei Peter", hatte sie geflüstert und ihn leicht auf die Wange geküsst. „Pass auf dich auf, bitte!" Dann war sie verschwunden.

Gerhardt Petersen schmunzelte vor sich hin. Sein Gedächtnis funktionierte wieder. Er wusste, wie er hieß, wo er wohnte und was er arbeitete. Und es machte ihm keine große

Mühe, dem Kerl, der da vor ihm im Taxi saß, den geistig Blockierten zu vorzuspielen. Schweigend erreichten sie den Airport. Das Einchecken am Schalter der VARIG erledigte für Petersen und für sich Dr. Steinberg. Er legte beide Pässe vor, ebenso beim Passieren der Passkontrolle. Petersen trottete scheinbar ergeben hinter Steinberg her. Im Vorraum zum Flugsteig drückte Steinberg seine Brieftasche mit Pass, Flugticket und Bordkarte Petersen in die Hand. „Gut aufheben", schärfte er ihm ein. Außerdem gab er ihm das altbekannte Röhrchen mit den „Champagnertabletten", von denen er unbedingt alle vier Stunden zwei Stück schlucken solle. Er werde auch die Stewardess bitten, ihn daran zu erinnern. „Ja, Dankeschön", nickte Petersen mit einem etwas blöden Grinsen. Dr. Steinberg hatte keine Angst, dass Petersen die Tabletten nicht nehmen würde – er müsste jetzt, nach drei Tagen, bereits süchtig nach dem darin enthaltenen Morphium sein.

Bis Frankfurt saßen sie nebeneinander. Dann, nach dem Umsteigen, hatten sie getrennte Sitze im Flugzeug. Petersen saß fünf Reihen hinter Steinberg, was ihn ungemein erleichterte. So brauchte er nicht ununterbrochen den Geistesabwesenden zu spielen. Außerdem konnte er Steinberg beobachten, und nicht umgekehrt. Es war ihm nicht klar, warum Steinberg das so arrangiert hatte. Während des gesamten Fluges kümmerte er sich nicht um ihn, auch als Steinberg einmal im Gang an ihm vorbei nach hinten zu den Toiletten ging, nahm er keine Notiz von ihm.

Neben Petersen saß ein brasilianisches Ehepaar ungefähr in seinem Alter. Sie, eine dunkelhäutige Schönheit, er mit braunem Teint und angegrauten Haaren. Sie verwickelten ihn in ein Gespräch, das zur Hälfte in Deutsch und zur anderen Hälfte in Englisch geführt wurde. Er brauchte ja jetzt nicht den Mann ohne Gedächtnis zu spielen. Als herauskam, dass dies die erste Reise Petersens nach Brasilien war, hörten sie nicht auf, ihn mit unzähligen Tipps und Warnungen, besonders vor den Straßenräubern in Rio, zu überschütten. Der Mann hatte Petersen seine Karte überreicht und seine Frau als Yvonne und sich als Cartelo Cabral vorgestellt. Beide schienen um den Gringo sehr besorgt zu sein. Sie luden ihn ein, ihn auf ihrer Fazenda, ihrer Kaffeeplantage, zu besuchen und beteuerten, er könne stets mit ihrer Hilfe rechnen. Später kam die Stewardess mit einem Glas Wasser und erinnerte ihn – den Dr. Steinberg – an die Einnahme seiner Medizin. Er bedankte sich und entnahm dem Röhrchen zwei Tabletten, die er natürlich nicht schluckte, sondern geschickt auf den Boden fallen ließ und sie mit seinen Schuhen pulverisierte.

Bald nach dem Essen wurden Schlafdecken verteilt und das Kabinenlicht abgedunkelt. Als auch Petersens Gesprächspartner verstummten, begann er, noch einmal seine Situation zu überdenken. Obwohl es in seinem Kopf wieder normal arbeitete, hatte er keine Vorstellung, wie Steinbergs Plan im Einzelnen aussehen könnte. Dass Steinberg sich offensichtlich schon hier im Flugzeug von ihm getrennt und ihm seine Identität übertragen hatte, beunruhigte ihn. Steinberg wollte wohl nicht mit ihm zusammen gesehen werden. Nur, was würde nach der Landung geschehen? Irgendjemand muss sich doch um ihn kümmern? Steinberg habe sicher Helfer in Rio, hatte Charlotte ihn gewarnt. Er überlegte: Ich könnte bei der Passkontrolle Alarm schlagen – aber das würde auch mich in Schwierigkeiten bringen. Schließlich reise ich mit einem, wenn auch nicht falschen aber für mich nicht gültigen Pass. Ihm fiel ein, was Cartelo Cabral über die Korruptheit der Polizei und auch der Behörden erzählt hatte. Auf alle Fälle musste er versuchen, Steinberg nicht aus den Augen zu verlieren.

Auf dem Küchentisch lag ein Zettel: Ich muss einiges erledigen. Dauert voraussichtlich bis übermorgen. Rita.

Charlotte las, noch halb im Schlaf, und nickte. Es war Montag früh, und sie begann automatisch, das Frühstück für sich herzurichten. Rita konnte ziemlich frei über ihre Zeit verfügen, was sie aber nie ausnutzte. Sie hatte ein schönes, großes Zimmer im Haus und war eigentlich immer verfügbar. Ihr Zimmer war, so hatten sie es Rita versprochen, absolut tabu, und Steinbergs hielten sich auch daran. Charlotte war nun ganz allein in dem großen Haus. Frau Köster kommt normalerweise so gegen zehn, also in zwei Stunden. Ich werde sie nach Hause schicken, überlegte Charlotte, es gibt ja nichts zu tun. Sie ging zur Haustür, um den Beutel mit den frischen Brötchen, die Bäcker Johansen jeden Morgen lieferte, hereinzuholen. Es waren nun natürlich zu viele. Sie legte sich zwei auf den Teller und beschloss, die übrigen nachher Frau Köster mitzugeben. Geistesabwesend an ihrem Brötchen kauend, blickte sie durch das Küchenfenster in den herbstlichen Garten. Es nieselte leicht, und der graue Himmel passte so richtig zu ihrer düsteren Stimmung. Ich kann nichts tun, nur warten, dachte sie, aber warten worauf? Vor Morgen brauchte sie mit einer Nachricht aus Rio nicht zu rechnen. Sie hoffte, dass sich dann Peter melden würde, gesund und unversehrt.

Ihre Gedanken kreisten ständig um Peter, der trotz der äußeren Ähnlichkeit mit Roland, so ganz anders war als ihr Mann. Von Roland hatte sie sich in den letzten drei Tagen innerlich mehr und mehr entfernt. Sein Vorhaben, das sie im Detail nicht kannte, das für Petersen aber eine riesige Gefahr zu sein schien, machte Roland ihr unheimlich. Wollte er wirklich Peter opfern, um sich aus seiner bedrohlichen finanziellen Situation zu retten? Konnte sie, wenn er wieder da war, mit ihm noch weiter zusammenleben? Fragen über Fragen – sie musste mit jemand sprechen, wenn ihr nicht der Kopf platzen sollte! Blitzartig fiel ihr Dr. Barthels ein – Onkel Jens, natürlich! Erleichtert erhob sie sich und ging auf ihr Zimmer, um sich umzuziehen …

Auch Rita wäre glücklicher, wenn sie mit jemand über das, was sie erlauscht hatte, hätte reden können. Sie hatte in ihrem, oder besser Rolands Apartment übernachtet und war erst gegen Morgen eingeschlafen. Trotzdem hatten sie ihre nächtlichen Grübeleien nicht weitergebracht. Jetzt saß sie auf ihrem Bett und stierte gedankenverloren die teure Tapete an. Das Muster begann vor ihren Augen zu verschwimmen und ordnete sich neu zu wirren abstrakten Kompositionen. Sie wandte sich ab und blickte zum Fenster. Aber auch der graue, noch dunkle Himmel war kein ermunternder Anblick. Sie musste sich also selbst motivieren. Los hoch mit dir, befahl sie sich, ab unter die Dusche! Es half. Wenn auch widerwillig, wankte sie zum Bad.

Beim Frühstücken – der Kühlschrank in ihrem Appartement war ständig gut gefüllt, sie musste heute nur mit Toastbrot statt frischer Brötchen vorlieb nehmen – dachte sie an Matthias, ihren Cousin, mit dem sie sich immer gut verstanden hatte. Aber sie hatte fast zwei Jahre keinen Kontakt mehr zu ihm gehabt. Würde nichts bringen, ihn anzurufen. Und wenn sie ihn persönlich sehen wollte, müsste sie nach München fahren. Das war also keine Lösung. Sie schaltete das Radio ein. Help Yourselves sang Tom Jones ihr entgegen, und das war dann wohl auch der einzig mögliche Weg.

Rita hatte, bevor sie nach Frankreich ging, viele Freunde und Bekannte, aber nach dem Tod ihrer Eltern und ihrem eigenen Zusammenbruch mit dem langen Klinikaufenthalt, waren die alten Freunde verloren gegangen. Und neue Kontakte zu knüpfen, hatte sie keine Gelegenheit und auch keine große Lust. Sie war in ihrem „neuen Leben", wie sie es nannte, ganz und gar auf Dr. Steinberg fixiert. Einmal hatte sie Urlaub genommen und war nach Paris gefahren, aber sie hatte keinen richtigen Anschluss gefunden. Sie hatte ihren Frankreich-Aufenthalt abgebrochen und war heimlich zurück nach Hamburg in „ihr" Appartement gekommen. Hier verbrachte sie, mit Unterbrechungen, noch eine heiße Liebeswoche mit Roland.

Rita überlegte hin und her. Wenn sie an Charlottes Millionen heranwollte, und das war ihre feste Absicht, könnte sie schon jetzt bei ihr anrufen und ein paar Andeutungen machen. Vielleicht machte dann Charlotte von sich aus ein Angebot. Das könnte sie dann nach und nach höherschrauben, bis Charlotte im Besitz des Geldes aus Rolands Lebensversicherung wäre. Und Roland? Der würde ja so bald nicht in das

Haus zurückkommen können, auch wenn er eine andere Identität angenommen hätte. Den hatte sie sowieso fest in der Hand. Was hatte er am Sonnabend in der Küche zu ihr gesagt? Wir werden sehr viel mehr Zeit füreinander haben ...! Stimmt, mein Lieber. Denn von jetzt an bestimme ich, wer wann für wen Zeit haben wird! Roland ist tot! Sie erschrak bei diesem Gedanken. Nein, nur papiertot, beruhigte sie sich. Wenn nun aber etwas schiefgeht in Rio? Also nichts überstürzen, Augen und Ohren auf und abwarten!

„Herr Dr. Barthels macht gerade Visite. Kann ich etwas ausrichten, Frau Steinberg?" Die Sekretärin der Klinikchefs hatte Charlottes Stimme am Telefon gleich erkannt.

„Ja bitte. Es wäre lieb, wenn Dr. Barthels, sobald er kann, zurückrufen würde."

Es dauerte knapp zehn Minuten, bis Dr. Barthels sich meldete. Ich muss dich sprechen, hatte sie ihn gebeten und er hatte gleich gemerkt, dass etwas nicht in Ordnung war.

Jetzt saß Charlotte blass und abgespannt, in seinem Büro auf dem Besuchersessel und Onkel Jens saß ich gegenüber, sie mit besorgten Blicken durch seine randlose Brille musternd. Er griff nach ihrer Hand.

„Was ist passiert, Charlie?"

Charlotte blickte dankbar auf. Charlie – wie lange war es

her, dass man sie so gerufen hatte!

„Roland ist in Rio de Janeiro."

„In Rio? Was will er dort?"

„Sterben".

„Das kann er auch hier", schüttelte Dr. Barthels den Kopf. „Entschuldige bitte", fügte er schnell hinzu, „das ist natürlich Unsinn. Aber du musst es mir schon erklären."

„Er will sterben, damit ich seine Lebensversicherung bekomme und damit die Klinik retten kann."

„Was? Das kann nicht wahr sein. Roland will sich für die Klinik opfern? Das kann niemals sein Ernst sein. Ich glaube es einfach nicht. Und was hat das mit Rio zu tun?"

„Er will ja auch nicht selber sterben. Roland hat jemanden mit-genommen, der das für ihn tun soll."

„Charlotte! Ich verstehe kein Wort!" Dr. Barthels lehnte sich zurück. „Wen hat er mitgenommen und was genau hat er vor?"

Charlotte unterdrückte ein aufkommendes Schluchzen. „Er hat Peter mitgenommen, ich meine Herrn Petersen. Das ist sein Doppelgänger, der für ihn sterben soll. Er hat ihn hier in der Klinik entdeckt. Roland hat da in Rio wohl irgendwelche Verbindungen, über die er eine amtliche Sterbeurkunde für seinen Tod bekommen kann. Dann will er mit der Identität von Herrn Petersen zurückkommen."

„Petersen? Das ist sicher der Mann, mit dem ich ihn vor zwei Wochen mal verwechselt habe. Aber das ist doch alles hirnlos. Nein, das ist höchst kriminell! Was will er mit einer neuen Identität anfangen? Hier in der Klinik kann er danach doch nicht weiterarbeiten. Also will er wahrscheinlich gar nicht die Klinik retten, sondern irgendwo mit dem Geld ein neues Leben anfangen – und mit wem?"

„Daran habe ich noch gar nicht gedacht. Mit wem? Glaubst du, Onkel Jens, es gibt da eine andere Frau?"

„Ich weiß es nicht. Aber das ist im Augenblick zweitrangig. Wenn Roland das Unglaubliche, was du mir erzählt hast, wirklich vorhat, müssen wir schnellstens was unternehmen. In unserem Golfklub haben wir einen Kriminaldirektor, er sitzt ziemlich weit oben, mit dem verstehe ich mich ganz gut, ich werde ihn sofort anrufen."

Charlotte dachte an Peter. „Kann der denn überhaupt von hier aus etwas unternehmen? Ehe da etwas geschieht, ist Peter vielleicht schon tot! Und bin ich nicht mitschuldig, weil ich geholfen habe, dass er die Medikamente einnimmt?"

„Ich frage mich schon die ganze Zeit, wie Roland den Mann überreden konnte, freiwillig mit ihm nach Brasilien zu fliegen, um dort, unwissend natürlich, möglicherweise zu sterben? Also hat Roland ihn mit Medikamenten willenlos gemacht. Unglaublich!"

Dr. Barthels hob den Telefonhörer ab und wählte eine Nummer. „Bernd? Hier ist Jens Barthels. Ich muss dich dringend sprechen. Sofort!"

Ungefähr zur gleichen Zeit im Aeroporto Internacional do Rio de Janeiro. Immigration Passport Control.

„Os seus documentos, por favor."

Petersen hatte seinen Pass, das heißt den von Dr. Steinberg, schon in der Hand und schob ihn durch den Eingabeschlitz. Der Beamte blätterte interessiert darin und scheinbar beeindruckt von den vielen Stempeln, zeigte er ihn seinem Kollegen. Petersen begann, sich unwohl zu fühlen.

„Dr. Roland Steinberg", las er jetzt laut, sah auf das Foto und blickte Petersen prüfend an. „Médico?"

„Médico", nickte Petersen schwach.

Der Passbeamte sagte etwas Unverständliches. Senhor Cabral, der hinter Petersen stand, übersetzte: „Sie waren schon oft in Rio." Es war nur eine Feststellung, aber Petersen war nervös.

„Nein. Doch, ja", stotterte er.

„Werden Sie hier arbeiten?" übersetzte Senhor Cabral und antwortete gleich für ihn: „Ñao, turista."

Der Uniformierte drückte einen Stempel in den Pass und schob ihn durch den Schlitz zurück. „Obrigado." Danke.

Petersen machte erleichtert ein paar Schritte vorwärts, trat dann zur Seite, um auf seine neuen brasilianischen Freunde zu warten. Er blickte sich nach Dr. Steinberg und sah ihn, wie er gerade die Passkontrolle an einem anderen Schalter verließ. Er kam jetzt direkt auf Petersen zu.

„Wie geht's, Roland? Alles in Ordnung?"

Petersen fiel wieder in seinen desorientierten Zustand. „Alles in Ordnung", nickte er.

Dr. Steinberg fasste ihn am Arm und führte ihn zu den Laufbändern der Gepäckausgabe. Es dauerte eine Weile, bis die ersten Koffer und Taschen anrollten. Petersen spielte den Uninteressierten.

„Pass auf Roland, wenn unser Gepäck kommt!"

Dr. Steinberg fischte ihre Gepäckstücke vom Laufband und gemeinsam gingen sie zur Zollkontrolle. Sie passierten sie ohne Probleme. Dann standen sie in der Ankunftshalle und Dr. Steinberg blickte sich suchend um.

Ein eleganter Brasilianer, heller Anzug, dunkelblaues Seiden-hemd, steuerte auf sie zu. Irritiert blickte er von einem zum anderen.

„Mister Steinberg?"

Dr. Steinberg machte eine vorstellende Handbewegung zu Petersen. „That is Dr. Steinberg".

„Pedro Ferreira", stellte sich der Fremde vor. „Kommen

Sie, Dr. Steinberg, ich bringe Sie in Ihr Hotel." Er sprach englisch.

Scheinbar hilflos blickte Petersen Dr. Steinberg an.

„Ist schon in Ordnung, Roland", klopfte der ihn auf die Schulter, „ich habe noch etwas zu erledigen und komme später nach." Er gab Ferreira ein kleines Päckchen und wandte sich ab.

„Kommen Sie bitte", sagte Mister Ferreira und nahm Petersens Koffer. Der sah sich vorsichtig um. Ein paar Schritte abseits standen Senhor und Senhora Cabral und nickten ihm unauffällig zu. Sie hatten vereinbart, dass Yvonne ihm, und falls Dr. Steinberg einen anderen Weg nahm, Cartelo diesem folgen würde.

Während des langen Fluges waren sich Petersen und die Cabrals nähergekommen und Petersen fasste Vertrauen zu ihnen. Senhor Cabral erzählte von seiner fazenda, eine der wenigen, die noch profitabel bewirtschaftet werden konnten. Er und seine Frau hatten in Europa Geschäftsfreunde besucht. Sie waren zufrieden mit dem Ergebnis ihrer Reise und freuten sich, von dem meist nassen und kalten Europa wieder in die sonnige Heimat zurückzukehren. Als sie sich, nicht neugierig, aber interessiert, nach Petersens Zweck der Reise erkundigten, merkte er schnell, dass er diesen beiden nicht lange seine Rolle wird vorspielen können. Sie hatten ihm ja auch ihre Hilfe angeboten, und Hilfe würde er in diesem fremden Land sicher brauchen. Petersen fasste sich ein Herz und erzählte ihnen seine unglaubliche Geschichte.

Nein, überlegten sie, es gab keinen beweisbaren Grund, die Behörden in Rio einzuschalten. Höchstens der Verstoß gegen das Passgesetz wäre straf-rechtlich verfolgbar, und das hätte sowohl für Steinberg als auch für Petersen sehr unangenehme Folgen. Cartelo Cabral war von der Geschichte zunächst erschüttert, dann aber wuchs sein Interesse. Sein brasilianisches Temperament brach durch und ließ ihn sofort Überlegungen anstellen, wie sie hinter die Pläne und Verbindungen dieses médico criminoso kommen konnten, um Petersen aus der Gefahrenzone zu bringen. Senhor Cabral deutete an, über gute Verbindungen zur Polizei und den Behörden zu verfügen, was für Geschäftsleute wie ihn in Rio aber nichts Ungewöhnliches war – wenn es da auch hin und wieder zu Interessenkonflikten kam.

Bernd Hilger, Kriminaloberrat wurde nicht recht schlau daraus, was sein Clubkamerad Jens Barthels ihm da am Telefon sagen wollte. Nur die Aufgeregtheit dieses sonst so besonnenen, klar denkenden Mannes ließ ihn aufhorchen.

„Jens, ich verstehe nicht, aber wenn es so dringend ist, komm am besten in mein Büro. Ist etwas in der Klinik passiert?"

„Es ist sehr dringend, nein, es geht um …" Er brach ab und fuhr dann fort: "Wir sind schon unterwegs!"

Sie mussten quer durch die Stadt, um zum Polizeipräsidium in Alsterdorf zu kommen. Dr. Barthels fuhr konzentriert wie immer, wenn auch hin und wieder irgendwelche nicht fassbaren Gedanken durch seinen Kopf schossen. Er sprach nicht, und auch Charlotte neben ihm schwieg. Natürlich waren rundherum um das Polizeipräsidium alle Parkplätze besetzt. Dr. Barthels stellte seinen Wagen direkt unter einem Verbotsschild ab, bewusst eine Anzeige in Kauf nehmend. Es war inzwischen 14 Uhr geworden. Der Kriminaloberrat hatte den sofortigen Aufbruch von Barthels noch gestoppt, weil er vorher noch eine wichtige Besprechung hatte. Bernd Hilgers Büro lag im vierten Stock. Seine Sekretärin kam ihnen entgegen. „Kommen Sie bitte, Herr Hilger erwartet Sie."

„Wo brennt's denn mein Lieber?" Bernd Hilger warf einen fragenden Blick auf Charlotte.

„Das ist Charlotte Steinberg, die Tochter meines alten Freundes Albert Hillmann und", er schluckte einmal, „die Frau meines Partners Dr. Steinberg." Sie reichten sich die Hände.

„Bitte setzt euch. Kaffee?"

„Nein danke. Ich komme gleich zur Sache."

Dr. Barthels erzählte kurz und prägnant, was er von Charlotte erfahren hatte. Hilger hörte mit zunehmender Bestürzung zu und machte sich dabei ein paar Notizen. Dann sah er auf die Uhr und wandte sich an Charlotte. „Die beiden müssten schon die Pass- und Zollkontrolle in Rio passiert haben. Wissen Sie, wo Ihr Mann zu erreichen ist, Hotel oder eine andere Adresse?"

„Er hat nichts hinterlassen." Sie schüttelte den Kopf. „Vor drei Jahren hatte er mich einmal mitgenommen, da sind wir in Ipanema, im Hotel Residência abgestiegen. Die Straße hieß irgendwas mit Torro."

„Und bei seinen späteren Reisen, hat er dort auch gewohnt?"

„Das weiß ich nicht." Charlotte war sichtlich verlegen. „Er war ja immer nur ein paar Tage fort", versuchte sie ihr Unwissen zu erklären. Erst jetzt fiel ihr auf, wie großzügig sie auf die selbstverständlichen Informationen ihres Mannes verzichtet hatte.

„Wenn er offiziell zu Tagungen dort war", sagte Dr. Barthels, „fanden diese im Rio Internacional statt, dort wäre er dann auch zu erreichen gewesen. Ich habe es allerdings nie versucht."

„Was können Sie mir über diesen Petersen sagen?" wandte sich Hilger an Charlotte. „Haben Sie seine Hamburger Adresse? Gerhardt ist sein Vorname?"

„Ja, er wohnt in Altona, in der Altstadt. Soweit ich verstanden habe, ist er 40 Jahre alt, von Beruf irgendetwas Kaufmännisches und arbeitet in Hamburg. Sie müssen ihn finden, bevor etwas passiert!"

Hilger hob den Kopf und sah Charlotte aufmerksam an. Sie errötete leicht und fügte hinzu: „Er ist so ein netter Mensch."

„Wir kümmern uns nicht nur um nette Menschen, die in Gefahr sind", lächelte Hilger. Dann wurde er ernst. „Da Sie ihn ins Vertrauen gezogen haben, weiß Herr Petersen ja, was man mit ihm vorhat. Er wird sich darauf eingestellt haben. Somit können wir auch nicht von einem verfolgungswürdigen Entführungsfall ausgehen. Die Gefahr für seine Unversehrtheit ist zwar hoch, aber ich denke, nicht entmutigend. Ich verstehe allerdings nicht, warum er sich auf diese kriminelle Ungeheuerlichkeit eingelassen hat. Wir haben im Moment keine Möglichkeit, bei den brasilianischen Kollegen etwas zu unternehmen. Wir müssen da sehr vorsichtig sein. Es wäre äußerst diffizil, nur aufgrund Ihrer Angaben zum Beispiel einen Beamten nach Brasilien zu schicken. Ich weiß gar nicht, ob wir einen kompetenten Mann, der auch Portugiesisch spricht, zur Verfügung haben. Ich werde aber nach einem Weg suchen. Erwarten Sie eventuell eine Nachricht von Herrn Petersen?"

„Ja. Sobald er kann, wollte er sich melden."

„Gut. Fragen Sie ihn dann, wo er, beziehungsweise Ihr Mann, zu erreichen sind, und sagen mir dann bitte sofort Bescheid. „Hier", er überreichte Charlotte eine Karte, „unter dieser Nummer können Sie mich jederzeit anrufen."

Pedro Ferreira führte Petersen zu seinem Wagen. Am Steuer saß ein dunkelhäutiger Typ, die Mütze tief ins Gesicht gezogen. Nachdem sie das Gepäck verstaut und auf dem Rücksitz Platz genommen hatten, fuhr er sofort los. Petersen hatte sich in der äußersten Sitzecke gedrückt und spielte, mit halb geschlossenen Augen, den Teilnahmslosen. In Wirklichkeit war er aber hellwach und versuchte, so viel wie möglich von seiner Umgebung mitzubekommen. Gar zu gern hätte er sich umgedreht, um einen Blick durch das Rückfenster zu werfen. Ob Yvonne ihnen folgte?

Aus dem herbstlichen, nasskalten Hamburg kommend, empfand Petersen das spätfrühlingshafte Klima Rios wunderbar belebend. Er hatte Mühe, sich diesem Gefühl nicht zu sehr hinzugeben. Obwohl Ferreira neben ihm ihn kaum zu beachten schien und auch nicht sprach, durfte er keineswegs erkennen lassen, wie es wirklich um seine Psyche bestellt war.

Nach einer knappen Stunde hielt der Wagen. „Wir sind da", sagte Ferreira, „steigen Sie bitte aus."

Sie standen vor einem Hotel. Centro las Petersen auf dem Transparent über dem Eingang, die restlichen Schriftzeichen waren von den Blättern eines Baumes verdeckt. Ein paar Meter hinter ihrem Wagen hatte ein Taxi gehalten und Petersen erkannte, dass dessen Passagier Yvonne war. Das hatte geklappt, stellte er erleichtert fest. Ferreira schob ihn durch den Eingang zur recepção. Der Mann hinter dem Tresen verlangte Petersens Pass und schob ihm ein Anmeldeformular zu. Ferreira nahm es entgegen und füllte es aus. Dann drückte er Petersen den Kugelschreiber in die Hand, damit er unterschreibe. Petersen hatte noch nie bewusst eine Unterschrift von Dr. Steinberg gesehen, und war unschlüssig, wie er nun unterzeichnen sollte. Er spielte einmal mehr den Verständnislosen, bis Ferreira den Pass nahm, ihn aufschlug und auf die Unterschrift tippte: „Your sign, like this".

Es war keine allzu schwierige Unterschrift, und Petersen kritzelte, mit absichtlich zittriger Hand, ein Faksimile auf das Formular. Der Portier schob ihm den Schlüssel für Zimmer 17, gleich im Hochparterre, zu, und Ferreira half ihm, sein Gepäck die wenigen Schritte zu seiner neuen Unterkunft zu bringen. Dort öffnete Ferreira das kleine Päckchen, das er von Dr. Steinberg am Flughafen erhalten hatte, und entnahm ihm ein altbekanntes Röhrchen mit den „Champagnertabletten". Er stellte es auf den Tisch und bedeutete Petersen eindringlich sie so zu verwenden, wie es man ihm gesagt hatte. Petersen hatte wenig Mühe, Englisch zu verstehen, aber mit dem Sprechen war er ziemlich aus der Übung. Scheinbar freudig nickte Petersen, nahm behutsam das Röhrchen und steckte es ein. Ferreira war zufrieden und verabschiedete sich.

„Ich wohne in Zimmer 22, schräg gegenüber. Wenn Sie etwas brauchen, melden Sie sich. Wählen Sie 22 am Telefon."

Petersen zog erst seinen Mantel aus, der ihn in diesem Klima zum Schwitzen gebracht hatte. Dann inspizierte er seine neue Umgebung. Es war ein einfaches Hotel, die Einrichtung mittlerer internationaler Standard: ein Bett. Tisch und zwei Sessel, Schrank – aber alles sauber. Er ging zum Fenster, öffnete es und blickte auf eine kleine parkähnliche Anlage vor einer dahinter vorbeiführenden Straße. Die Luft war mild, aber voller Lärm. Ein Verlassen des Zimmers durch das Fenster, ungefähr zweieinhalb Meter bis zum Boden, war durchaus möglich. Und dann das Telefon. Er spürte einen unbändigen Drang, Charlotte anzurufen. Mach jetzt keinen Fehler, ermahnte er sich. Auf dem Tisch stand ein kleiner Fernseher und darunter lugte ein Prospekt des Hotels hervor: Centro do Lapas, Rura Gomes Freire 440. Die Telefonnummer war angegeben, und auf der Rückseite war ein Stadtplanausschnitt, auf dem der Weg zu Hotel beschrieben war. Petersen studierte hastig den Lageplan, so als wenn man ihn ihm gleich weg-

nehmen würde. Das Hotel lag mitten in Rio, im Stadtteil Lapas. Es gab alle möglichen Verkehrsverbindungen in die Stadt,
zur Post, zu den Banken und auch zur Polizei. Er nickte zufrieden und versteckte den Plan unter die Matratze. Dann öffnete er den Koffer, dessen Inhalt ihm ja unbekannt war. Er
enthielt einen hellgrauen Anzug, ein Paar leichte Slipper, zwei
Polohemden, Unterwäsche, drei Paar Socken und einen seidenen Schlafanzug mit der Monogrammstickerei „RS", wie er
jetzt entziffern konnte. Demnach soll mein Aufenthalt wohl
maximal drei Tage dauern, konstatierte er. In der Reisetasche
fand er Sportschuhe, einen leichten Trainingsanzug und eine
Tasche mit Toilettenutensilien. Der Anblick des Trainingsan-
zuges weckte in ihm den Wunsch, sofort los zu joggen,
schließlich war er schon ein paar Tage nicht mehr gelaufen.
Wie bei jedem, der regelmäßig joggt, machte sich so eine Art
Entzugserscheinung in ihm breit. Wie spät mochte es sein?
Seine Uhr zeigte noch die Hamburger Zeit – elf oder 23 Uhr.

Es klopfte. Petersen erschrak. Vorsichtig ging er zur Tür.
„Wer ist da?" fragte er leise in Englisch.

„O jantar, antwortete eine weibliche Stimme, „Evening
meal", fügte sie dann hinzu.

Petersen verspürte plötzlich einen großen Hunger. Er
öffnete, und ein Serviermädchen mit einem großen Tablett in
den Händen stand vor der Tür. Hinter ihr stand Pedro Ferrei-

ra, der sie jetzt in das Zimmer schob.

„Es ist Ihnen sicher recht, wenn ich Ihnen das Abendessen auf Ihrem Zimmer servieren lasse", sagte er höflich. „Im Restaurant ist es jetzt sehr voll und laut, und sicher sind Sie auch müde."

„Ja, gut. Danke."

Das Mädchen stellte das Tablett ab und mit einem „Bom apetite Senhor" verließ Sie das Zimmer. Nach einem prüfenden Rundumblick verschwand auch Ferreira. Petersen wollte sich gerade über die appetitlich aussehenden fremden Speisen hermachen, als ihm einfiel, dass Ferreira sie möglicherweise präpariert haben könnte. Wenn es so ist, sind es sicher die Getränke, überlegte er und nippte vorsichtig an den Säften. Sie schmeckten wunderbar erfrischend und schienen sauber zu sein. Bei dem Tee war er sich nicht sicher, er schmeckte fremd, und Petersen schüttete ihn ins WC. Dann gab er sich hungrig, aber genussvoll, den Speisen hin. Anschließend stellte er, nach kurzem Überlegen, das Tablett mit dem Geschirr vor die Tür. Satt und müde ging er ins Bett.

Das Everest Rio Hotel, zu dem sich Dr. Steinberg mit dem Taxi vom Flughafen hatte bringen lassen, lag in Ipanema, nur eine Straße vom Strand entfernt. In seinem Umkreis lagen Bars, Restaurants und Boutiquen, also eine ausgesprochen lebendige, attraktive Umgebung. Janio Coello hatte es ausgesucht und für ihn ein kleines appartemento reserviert. Sofort nach seiner Ankunft rief Dr. Steinberg Coello von seinem in der sechsten Etage liegenden Zimmer aus an.

„Mister Caello? Steinberg hier. Bisher läuft alles wie verabredet. Wie geht's jetzt weiter?"

„Nicht am Telefon, Doktor. Wir treffen uns zum Essen bei Manoel & Juaqim. So gegen 21 Uhr?"

„In Ordnung."

Er sah auf seine Uhr: 18.30. Es galt schon die brasilianische Sommerzeit. Dr. Steinberg war ungeduldig. Er trat an das riesengroße Fenster seines Appartements und trommelte mit den Fingerspitzen gegen die Scheibe. Zwischen zwei Hotelbauten in der Vieira Souto konnte er das Meer sehen. Ihm stand aber nicht der Sinn nach fröhlichem Strandleben. Aus dem wohlgefüllten Barschrank mixte er sich ein Whisky-Soda und ließ sich dann in einem der weißledernen Sessel fallen. Nachdenklich blickte er auf das berühmte Bild Rio de Janeiro, Gosto de Você an der gegenüberliegenden Wand, wohl eine Kopie der naiven Malkunst. Bis jetzt war alles planmäßig verlaufen. Mit Petersen hatte er nun nichts mehr zu tun. Er versuchte, nicht daran zu denken, was seinem Doppelgänger für ein Schicksal bevorstand. Ursprünglich wollte er ihn ja nur verschwinden lassen, um in seine Haut zu schlüpfen. Aber dann fiel ihm ein, was Janio Coello ihm damals in der Bar von dem blühenden Organhandel in Rio erzählt hatte. Die werden Petersen doch nicht einfach so beseitigen, ohne sich seiner verwertbaren Organe zu bedienen! überlegte er. Also musste er ihnen mit einem entsprechenden Angebot zuvorkommen. Coello schien überrascht, dann aber war er begeistert. 100.000 Dollar kostet ein gesunder Mann, und so viel Geld ließen auch aufkommende Skrupel verblassen. Und – Petersen würde sterben, aber trotzdem durch die ihm entnommenen Organe weiterleben, vielfältiger als bisher. Damit versuchte Steinberg sich innerlich zu rechtfertigen, was aber nicht ganz gelingen wollte. Petersens leere Hülle würde verbrannt werden, und die amtliche Todesurkunde, ergänzt mit Steinbergs Fingerabdrücken und einer Gewebeprobe, die eine hundertprozentige genetische Identifikation ermöglichte, ging dann an die trauernde Witwe nach Deutschland. Zweifel an Charlottes Solidarität hatte er nicht, sie hatte ja auch mitgemacht und verfügte über keinerlei belastende Beweise. Wenn er dann in die Person von Petersen geschlüpft ist, könnte er natürlich nicht mehr in seiner Klinik arbeiten. Aber die hatte er schon länger innerlich abgeschrieben. Mit Geld würde er sich in dieser korrupten Welt eine Promotionsurkunde beschaffen und sich damit irgendwo als Arzt Dr. Gerhardt Petersen niederlassen und schöne, reiche Frauen von ihren Problemen befreien.

Es wurde Zeit, sich umzuziehen und sich zum Treffpunkt mit Janio Coello zu begeben. Manoel & Juaqim war eine unformelle botequim in der Rua Pernambuco. Janio Coello war bereits da, er saß, den unvermeidlichen weißen Hut nach hinten geschoben, an einem Ecktisch, von dem er das ganze Lokal überblicken konnte.

„Amigo, Freund, kommen Sie", rief er Steinberg zu, „hier gibt's die besten Krabben von Rio! Ich habe schon für Sie mitbestellt!"

Sie schüttelten sich die Hände. Der Ober servierte auch gleich das georderte Essen und die Getränke, und langsam fand Dr. Steinberg seine innere Ruhe wieder. Das Mahl zog sich, wie in Rio üblich, sehr in die Länge, und erst als Janio sich zurücklehnte, der Kaffee serviert wurde und er zur Zigarre griff, wurde über das „Geschäft" gesprochen. Steinberg schob Janio Petersens Pass zu. Dieser verglich das eingestanzte Foto mit Steinbergs Gesicht.

„Da ist nicht viel zu korrigieren", stellte er fest und reichte den Pass zurück. „Ich habe einen Besprechungstermin mit dem Gesichtschirurgen für Sie am Mittwoch um 16 Uhr vereinbart. Hier ist die Adresse." Er gab Steinberg eine Karte. „Dort hinterlassen Sie auch Ihre Fingerabdrücke und eine Gewebeprobe."

„Wo befindet sich jetzt der falsche Dr. Steinberg?"

„Im Centro do Lapas. Aber damit haben Sie nichts mehr zu tun. Er ist da gut aufgehoben, bis …" Coello zog an seiner Zigarre, „… bis er abgeholt wird."

„Okay. Damit habe ich unseren Vertrag erfüllt. Sie zahlen in bar?"

„Ja. 75.000 Dollar. In vier Tagen." Coello sah interessiert dem Rauch seiner Zigarre nach.

„Und den Rest? Wie und wann?"

„Es gibt keinen Rest. Es gibt nur einen Marktpreis. Und der ist, infolge einer größeren Lieferung aus den favelas, dem Elendsviertel auf den Hügeln, zurzeit sehr niedrig." Coello machte ein trauriges Gesicht.

„Aber die Nachfrage in Europa, in den USA ist doch riesig!" Dr. Steinberg war empört. „Senhor Coello, wollen Sie mich reinlegen?"

„Lieber Doktor, Sie können Ihren Mann wieder mitnehmen nach Alemanha, wenn Sie wollen." Coello zuckte mit den Schultern. „Ich verdiene kaum an dem Geschäft."

Dr. Steinberg war wie gelähmt. Seine Gedanken wirbelten im Kopf. Er fühlte sich schmählich betrogen. Petersen wieder mitnehmen – dass ich nicht lach! Coello hatte ihn in der Hand. Und was habe ich gegen Coello? Nichts, weniger als nichts!

„Coello hob sein Glas. „Saúde Amigo. Was wollen Sie

tun? Bleiben wir Partner? Sie müssen sich entscheiden. Jetzt." Er griff in die Tasche und legte sein Handy auf den Tisch.

Der „Amigo" konnte sich kaum beherrschen. Er fühlte sich erniedrigt, in seinem Ego tief verletzt. Er wollte aufspringen und das Restaurant verlassen. Janio Coello schien das zu ahnen.

„Bleiben Sie sitzen, Doktor. Sie haben sich mit Leuten eingelassen, die eine andere Auffassung von Geschäften haben. Ihre deutschen Ansprüche an einen sauberen Handel müssen Sie vergessen. Und vergessen Sie auch nicht, dass Sie selbst kein Ehrenmann mehr sind."

Das saß. Verdammt, der Kerl hatte recht. Er machte einen letzten Versuch.

„Janio, machen Sie bitte keinen Fehler. Sicher, ich muss Ihr Angebot akzeptieren. Aber denken Sie auch daran, was ich für Ihr Geschäft in Deutschland, in Europa tun kann. Wir hatten schon darüber gesprochen. Ich besorge Ihnen potenzielle Organempfänger, die viel Geld für ein „Ersatzteil" außerhalb der legalen Warteschleife zahlen würden. Reden Sie noch einmal mit Ihrem Partner."

Janio griff zum Handy und wählte eine Nummer. Dann sprach er hastig und schnell in das Gerät. "Sim, sim", was „ja ja" hieß, sagte er einige Male und beendete das Gespräch.

„70.000 Dollar", sagte er ungerührt. „Abzüglich meines

Hono-rars für Urkunden und Beglaubigungen. Macht noch mal 25.000 Dollar.

Dr. Steinberg wollte sich der Magen umdrehen. Er brauchte all sein psychologisches Wissen, um seine Emotionen unter Kontrolle zu halten. Er begann zu schwitzen. Coellos Verhalten war eine Provokation, eine Beleidigung seiner ärztlichen Kapazität auf dem Gebiet der zwischenmenschlichen Beziehungen. So ohnmächtig hatte er sich noch nie in seinem Leben gefühlt.

„Ich akzeptiere", flüsterte er heiser.

„Ich wusste es Amigo, ich wusste es!" Lächelnd streckte er Dr. Steinberg seine Hand entgegen. „Wir bleiben Freunde, Freunde und Partner. Danke."

Am nächsten Tag, gleich nach dem Frühstück, das Petersen wieder auf seinem Zimmer serviert wurde, läutete das Telefon. Überrascht hob er ab und hörte eine Stimme, die ihm bekannt vorkam, die er aber nicht einordnen konnte.

„Dr. Steinberg wohnt im Everest Rio Hotel, Rua Prudente de Morais, in Ipanema. Warten Sie vor dem Hotel." Dann wurde aufgelegt.

Petersen hatte nur Everest Rio Hotel verstanden, aber das müsste genügen. Er holte den Prospekt unter seiner Matratze hervor und studierte den Ausriss des Stadtplans. Ein Pfeil zeige am Rande de Planes nach Ipanema. Ja, das war's! Aber I-panema war nicht mehr auf dem Plan, es lag weiter im Westen, noch hinter der Copacabana. Petersen zog den Trainingsanzug an. Dann entnahm er Dr. Steinbergs Brieftasche die Geldscheine und steckte sie ein. Die Brieftasche legte er auf den Tisch und obenauf den Pass. Dann wandte er sich zum Fenster. Unten standen zwei Hotelangestellte und diskutierten. Es würde dumm aussehen, wenn er jetzt aus dem Fenster kletterte.

Jemand klopfte an die Tür. Es war das Zimmermädchen. „Room Service", lächelte sie und auf seinen Trainingsanzug blickend fragte sie „Jogging?"

„Yes, behind the hotel is a park, very good for jogging." Er zeigte zum Fenster.

„Sim, Senhor. Come on, I'll show you the door you can go di-rectly to the park."

Sie ging auf dem Flur voran und nach ein paar Schritten zeigte sie einen Seiteneingang: „There is the exit to the park."

Petersen jubelte innerlich. Er brauchte nicht an der Rezeption vorbei zu schleichen, was sicher ein großes Risiko war, und auch nicht durchs Fenster zu steigen.

„Thank you very much", strahlte er das Zimmermädchen an und war nach ein paar Schritten im Freien. Wie von zu Hause gewohnt, trabte er los, quer durch den Park, bog dann nach Süden ab und erreichte die Hauptstraße. Er hatte den Stadtplanausschnitt im Kopf und suchte jetzt die nächste Bank. Er fiel in seinem Outfit nicht weiter auf, die Menschen waren alle leicht gekleidet, und Jogger waren zu Dutzenden unterwegs. Es war neun Uhr früh, und die erste Bank war noch geschlossen. Als er sich abwandte, sprach ihn ein carrioca, ein Einheimischer an: „Money change, Mister?"

Petersen war unsicher. Konnte er dem Mann trauen? Und war ein privater Geldumtausch möglicherweise strafbar? Er blickte nach rechts und links. Normaler Straßenverkehr, gut gelaunte Menschen.

„Real course. What do you need, Reais or Dollars?"

Petersen zeigte ihm 200 Mark. Der Mann zog eine Tabelle aus der Tasche und zeigte auf den Dollarkurs. „One hundred and twenty Dollars, okay?"

Das war in Ordnung und die Dollarnoten hoffentlich auch. Petersen trabte weiter, vorbei an Kirchen, durch verkehrsreiche Straßen mit ständig hupenden Autos, neben einer Straßenbahn her, bis er völlig die Orientierung verloren hatte. Aber das Laufen hatte ihm gutgetan, er fühlte sich wohl, wie schon lange nicht mehr. Er stieß auf eine Hauptstraße. Ave. Pres. Antonio Carlos las er. Aber das sagte ihm nichts. Auf der anderen Straßenseite sah er in einer langen Reihe Taxis stehen. Es war gar nicht so einfach über die Straße zu kommen. Ein schrilles Hupkonzert begleitete seinen Spurt über die Fahrbahnen. Atemlos stieg er in das erste der knallgelben Taxis.

„Senhor?" Der Fahrer blickte ihn prüfend an.

„Nach Ipanema bitte." Der Fahrer hatte ihn verstanden.

„Twenty Dollars, Senhor."

Musste man das Taxi im Voraus bezahlen? Oder lag es an Petersens Kleidung, das den Fahrer zur Vorkasse veranlasste? Ein Jogger, und dazu noch Ausländer, hat ja meistens kein Geld in der Tasche. Petersen reichte ihm zwei Zehndollarnoten. Der Fahrer schien zufrieden und kurvte los – quer über die Straße in die entgegengesetzte Richtung. Petersen hielt sich erschrocken fest und erwartete jeden Moment einen fürchterlichen Crash. Aber außer einem ohrenbetäubenden Gehupe passierte nichts.

Der Verkehr war gewaltig, und Petersens Fahrer nutzte die kleinste Lücke, rechts und links überholend, um vorwärtszukommen. Verkehrsregeln gab es offensichtlich keine. Dann erreichten sie eine Autostraße, die direkt an der Küste entlangführte. Hier ging es flotter, aber keineswegs disziplinierter, voran. Kurz bevor sie in einen Tunnel einfuhren, sah Petersen rechts in der Höhe die berühmte Christus-Statue. Sie passierten kurz darauf einen zweiten Tunnel, und dann führte die Straße, dem weiten Bogen der Küste folgend, an der Copacabana entlang. Petersen war beeindruckt von den dicht an dicht stehenden riesigen Hotelbauten, den Cafés und Bars, Palmen und dem Ozean und den vielen bunt und leicht gekleideten Menschen. Aber es schien noch keine Saison zu sein. An einem mit einer Uhr kombinierten Thermometer las er im Vorbeifahren 21 Grad Celsius – und er dachte an das nasskalte Novemberwetter zu Hause.

Nach ein paar Minuten zeigte der Fahrer nach vorn: „Ipanema Senhor! Para onde?"

„Hotel Everest", antwortete Petersen.

„Ah, Everest Rio Hotel, Senhor, okay. You americano?"

„No, from Europe, Germany."

Der Fahrer schien plötzlich Interesse an einer Unterhaltung zu haben.

„Oh, Germany, very good football players!"

„Yes, also here in Brazil there are many good soccers", gab Petersen das Kompliment zurück. Er hatte aber keine Lust auf weitere Konversation. „Please, stop hundred meters before the hotel", lenkte er ab, er wollte nicht direkt vor dem Hotel aussteigen. Der Wagen hielt. Sie schienen da zu sein.

„There is the Everest Rio." Der Fahrer zeigte nach vorn. „Twenty dollars", nickte er.

„Hey, I already payd you twenty dollars!" Petersen witterte Betrug.

„Sim, Senhor, tudo bem." Er zeigte auf den Taxameter. „Exactly twenty dollars, all is okay."

Petersen las nur eine hohe Summe mit einem R$ davor, das war wohl die brasilianische Währung. Wollte der Fahrer ihm sagen, dass die Vorauszahlung genau aufgegangen war? Er machte Anstalten auszusteigen, immer in Erwartung, dass ihn der Fahrer zurückrufen würde. Ärger konnte er sich unter gar keinen Umständen leisten.

„Auf Wiedersehen!" rief der Fahrer – auf Deutsch! – und Petersen stand aufatmend auf der Straße, genauer auf der Prudente de Morais. Ein Hotel reihte sich an das andere, auch hier Cafés, Bars und viele Geschäfte. An dem riesigen Bau dort vorn las er auf einem Transparent „Everest Rio Hotel". Er wechselte zur gegenüberliegenden Straßenseite und ging suchend weiter.

„Mister Petersen!" Vor einem Café saß Cartelo Cabral und winkte ihm zu.

„Hallo Mister Cabral, ich freue mich, Sie zu sehen", sagte Petersen aufatmend. Er setzte sich zu Cabral und ließ sich informieren, was der herausgefunden hatte. Dr. Steinberg wohnte im gegenüberliegenden Hotel, Appartement 616 in der sechsten Etage, dessen Eingang Cabral nicht aus den Augen ließ. Er hatte einen zuverlässigen Angestellten seiner fazenda mit der Beobachtung beauftragt. Der hatte berichtet, dass Steinberg sich am Abend zuvor mit einem zwielichtigen Mann, dem man die ärztliche Zulassung entzogen hatte, getroffen hatte. Über diesen Mann kursierten in Rio die wildesten Gerüchte. Er ist sicher ein Krimineller, aber er schien beste Verbindungen zu höchsten Kreisen der policia zu haben. Unbedarfte, aber vermögende Touristen und Reisende aus Europa und den USA verstand er, in seine Geschäfte hineinzuziehen. Angeblich steckte er im Handel mit menschlichen Organen und agierte da weltweit. Es war äußerst gefährlich, sich mit ihm einzulassen. Aber das hatten sie ja auch nicht vor. Sie berieten, wie Petersen wieder seine wahre Identität zurückbekommen konnte und wie sie diesen Dr. Steinberg der Justiz übergeben konnten.

Kriminaloberrat Hilger hatte lange überlegt, was er in dieser Angelegenheit unternehmen könnte, ohne sie an die große Glocke zu hängen und ohne seine Kompetenzen zu überschreiten. Schließlich rief er seine Sekretärin und diktierte ihr ein Fax, das sie an die Kriminalpolizei in Rio schicken sollte. Damit bat er die „sehr geehrten Kollegen" um Auskunft, ob in den dortigen Hotelanmeldungen die Namen von Dr. Steinberg und Gerhardt Petersen auftauchten. Es lägen in Hamburg wichtige Nachrichten für diese Personen vor, und man wäre sehr dankbar, wenn man die Aufenthaltsorte dieser beiden Herren angeben könne. Mehr konnte er im Augenblick für seinen Clubkameraden und die besorgte Frau Steinberg nicht tun. Er konnte der brasilianischen Polizei unmöglich den wahren Grund seiner Anfrage nennen, der Verdacht gegen Dr. Steinberg war gegenwärtig nicht zu beweisen. Wenn dieser Dr. Steinberg tatsächlich vorhatte, seine Identität durch den Tod von Petersen zu wechseln, könnte ihn eine Nachricht, dass die deutsche Polizei von seinem Plan wusste, seine Spur zu verwischen – oder vielleicht von seinem Plan abhalten? Es gäbe da noch eine Möglichkeit, überlegte Hilger: die Versicherungsgesellschaft, die gegebenenfalls zahlen müsste, zu informieren. Die hatte mit ihren Detektiven andere Ermittlungsmethoden zur Verfügung, vor allem im Ausland, die sich die Polizei nicht leisten konnte. Er ließ sich mit Dr. Barthels verbinden und schlug ihm vor, dass Frau Steinberg sich, falls einverstanden, vertraulich an die Versicherung wenden soll. Bei dieser hohen Versicherungssumme würden dort die Alarmglocken schrillen, und, anders als bei der Polizei, könnte der ausgesprochene Verdacht als ausreichend begründet für eigene Ermittlungen reichen. Das leuchtete seinem Clubkameraden ein, und Hilger war erst einmal froh, sich so aus der Affäre gezogen zu haben.

Bei Janio Coelle läutete das Telefon. Er nahm ab und

hörte schweigend zu. Dann legte er auf. Auf seinem Handy wählte er eine andere Nummer.

„Ferreira, was macht unser Mann?"

„Der schläft sicher."

„Sicher?"

„Ich schau gleich mal nach."

„Warten Sie. Ich erhielt soeben eine Information, dass die deutsche Polizei nach diesem Mann fahndet. Wahrscheinlich ist da etwas schiefgegangen. Ich werde veranlassen, dass unser Mann noch heute abgeholt wird. Bereiten Sie alles vor."

Ferreira ging zum Zimmer 17. Es war verschlossen. Nanu, habe ich ihn heute Morgen eingeschlossen? Er zog ein Schlüsselbund aus der Tasche und schloss auf. Das Zimmer war leer, das Bett ordentlich gemacht. Er schaute ins Bad. Auch hier niemand. Ferreira schien nicht besonders beunruhigt. Er lief zur Rezeption. Ob der Gast aus Zimmer 17 hier vorbeigekommen wäre? Nein, niemand hatte ihn gesehen. Der Gast habe wohl ein Telefongespräch empfangen, aber der Portier wusste nicht, von wem. Sie hätten schließlich Durchwahl von außerhalb direkt zu den Zimmern. Ferreira lief wieder zurück. Auf dem Gang stieß er mit dem Zimmermädchen zusammen. Wann sie Zimmer 17 gemacht habe? Etwa vor zwei Stunden. Der Gast? Der sei da gewesen, ja, er sei dann zum Joggen in den Park gegangen. Ferreiro ahnte Schlimmes.

Wie kann der Mann zum Joggen gehen in seinem Zustand? Sicher ist er draußen zusammengebrochen und liegt irgendwo im Gebüsch! Wenn man ihn nun gefunden hat und die Ambulanz gerufen hatte? Er mochte die Möglichkeit kaum zu Ende denken. Ferreira, der sich irgendwie beobachtet fühlte, lief zur Tür, durch die Petersen das Hotel verlassen hatte. Er rannte kreuz und quer durch den Park, guckte hinter jeden Baum und Busch, lief zur Hauptstraße – keine Spur von diesem alemão. Erschöpft kehrte er in Petersens Zimmer zurück. Er sah die Brieftasche und den Pass auf dem Tisch liegen und nahm das für ein gutes Zeichen, dass „Dr. Steinberg" zurückkommen werde.

Mit gemischten Gefühlen wählte er Coellos Nummer.

„Unser Mann ist nicht da. Er ist zum Joggen gegangen, sagt das Zimmermädchen."

„Was ist los?!" brüllte Coello, „Mann, sprechen Sie lauter!"

Mit verstellt weinerlicher Stimme berichtete Ferreira, was er er-fahren hatte. Coello dachte an das Gespräch gestern Abend mit Dr. Steinberg. Nur der konnte dahinterstecken.

„Bleiben Sie wo Sie sind!" schrie Coello ins Telefon und warf den Hörer auf den Tisch. Er überlegte kurz und rief dann Steinberg im Everest Rio an.

„Steinberg, wo ist dieser …" er kam nicht auf den Namen, „... dieser Doppelgänger?!"

„Ich verstehe nicht – das müssen Sie doch wissen?"

„Versuchen Sie nicht, mich reinzulegen, das hätte schlimme Folgen für Sie!"

Dr. Steinberg war erschrocken. Petersen war weg? Das konnte doch nicht wahr sein! Das Misstrauen war jetzt auf beiden Seiten riesig.

„Bitte, Mister Coello, glauben Sie mir. Ich fahre sofort zu seinem Hotel!"

Coello war nicht sicher, ob Steinberg ihm etwas vorspielte. „Machen Sie das. Zimmer 17. Und warten Sie auf mich. Und noch etwas: Die deutsche Polizei hat in Rio nach Ihnen gefragt. Da hat jemand in Hamburg nicht dicht gehalten!"

Ein neuer Schock. Oder Coello lügt. Sollte Charlotte etwa ...? Nein, unmöglich. Aber die Zweifel begannen, in ihm hochzusteigen. Und wie und wohin konnte Petersen verschwunden sein? Sein physischer Zustand war wohl in Ordnung, aber er wäre geistig doch gar nicht in der Lage, irgendwo gezielt hinzugehen oder selbstständig zu handeln! Außerdem hatte er kein Geld. Da konnte einiges nicht stimmen. Dieser Coello arbeitet mit allen schmutzigen Tricks. Wenn aber doch alles stimmte? Wenn die Polizei nach ihm suchte? Coello hatte zwar nur gesagt, dass man nach ihm gefragt hätte, was würden aber die Brasilianer tun? Ich muss raus aus der

Sache. Ich muss meine wahre Identität wiederhaben! Als echten Dr. Steinberg konnte man ihm überhaupt nichts anhaben. Wenn man ihn aber mit dem fremden Pass erwischen würde und das mit der deutschen Polizei stimmte, könnte das verdammt unangenehm für ihn werden. Er nahm Petersens Pass und versteckte ihn im Bad unter dem Abfalleimer. Ihn wegzuwerfen, konnte er sich nicht entschließen. Letztendlich könnte das ein Beweis sein, dass nicht er, sondern Petersen hier gewohnt hat. Er rief die Rezeption an und bestellte ein Taxi. Dann eilte er zu Lift.

„Ihr Taxi ist schon da, Sir", sagte der Mann an der recepção, als Dr. Steinberg bei ihm nachfragte. Steinberg dankte und rannte zu Ausgang. Fast wie ein Jogger, schüttelte der Portier den Kopf, dem Enteilenden belustigt hinterhersehend.

Cartelo Cabral packte den Arm von Petersen und sprang auf. „Da kommt Steinberg! Bleiben Sie sitzen. Opa! Der hat's aber eilig!"

Jetzt sah ihn auch Petersen. Steinberg sprang in ein Taxi und brauste davon. Cartelo Cabral und Petersen sahen sich an. Sie dachten beide dasselbe.

„Man hat bemerkt, dass ich verschwunden bin!" Petersen war besorgt.

„Natürlich, Mister Petersen. Das war doch zu erwarten.

Das ist jetzt unsere Chance! Warten wir noch ein wenig." Sie sahen, wie ein Motorrad zwischen zwei parkenden Autos hindurch manövriert wurde und dem gelben Taxi folgte. „Das ist mein Mann", stellte Cabral zufrieden fest. Er drehte sich um.

„Garçon, querio pagar!" Sie hatten cafezinho getrunken und Cabral be-zahlte den herbeigerufenen Ober.

Nach zehn Minuten erhoben sie sich und es gelang ihnen, unversehrt die Straße zu überqueren. Sie betraten die Hotelhalle und Petersen steuerte direkt auf die recepção zu.

„Appartement 616, please."

„Oh, schon wieder zurück, Sir? Haben Sie Ihre Keycard vergessen?" Die Keycard ersetze in diesem Hotel die früher üblichen Zimmerschlüssel.

„Ja, sie steckt in meinem Anzug. Sorry." Der Trainingsanzug machte das glaubwürdig.

„O.K. Geben Sie mir die Ersatzkarte später wieder zurück."

„Selbstverständlich. Danke."

Ehe dem Mann vielleicht doch noch etwas seltsam vorkommen konnte, drängte sich Cartelo Cabral an den Tresen und verwickelte ihn in ein kurzes Gespräch. Petersen ging zum Fahrstuhl und der Lift Boy drückte auf den Knopf. Cartelo eilte herbei und signalisierte, dass er mitfahren wolle. Bereitwillig hielt der Boy die Tür auf, bis der Senhor eingestiegen war. In der fünften Etage ließ Petersen halten und stieg aus. Er suchte die Treppe nach oben und eilte in das nächste Stockwerk. Cabral stand schon im Gang. Gemeinsam begaben sie sich zum Appartement 616. An der Tür versuchte Petersen nervös, die Schlüsselkarte in den Schlitz zu stecken. Cabral, die Ruhe selbst, nahm sie ihm ab und öffnete die Tür. Beeindruckt von der Größe des Zimmers, seiner Einrichtung und dem riesengroßen Fenster, verharrte Petersen mitten im Raum. Sein Herz klopfte bis zum Hals. Cabral begann sofort mit der Durchsuchung. In einem Seitenfach von Steinbergs Reisetasche entdeckte er das Fax, das Janio Coello Steinberg in die Klinik geschickt hatte, und steckte es ein. Er kontrollierte die Schreibtischschubladen und fand das auf Petersen ausgestellte Rückflugticket. Der Papierkorb war leer, und auch sonst fand sich weiter nichts, was für sie interessant wäre. Petersen war ins Bad gegangen und sah sich dort um. Auch hier nur die üblichen Toilettenartikel. Er bückte sich und hob den Abfallkorb hoch. Nichts. Als er ihn wieder hinsetzen wollte, sah er den Pass. Er hob ihn auf und mit einem unterdrückten Jubelschrei lief er zu Cabral.

„Mein Pass! Mein Pass! Das ist die Rettung!"

Cabral strahlte mit ihm. „Los, gehen wir, das genügt!"

Sie verließen das Appartement, ohne die, allerdings geringe, Unordnung zu beseitigen. Sollte sich Steinberg ruhig darüber seine Gedanken machen, wenn er zurückkam. Sie trennten sich wieder. Cabral rief den Lift und Petersen sprang beschwingt alle sechs Etagen die Treppen hinunter. Er „vergaß" die Keycard zurückzugeben, und verließ das Hotel. Vor dem Ausgang wartete er auf Cabral.

„Kommen Sie", sagte Cabral, „mein Wagen steht in der Rua Joana Angelica, gleich um die Ecke. Wir fahren jetzt zu meiner fazenda, und von dort können Sie Verbindung mit Deutschland aufnehmen." Beide waren in Hochstimmung, als sie in die Limousine stiegen.

Charlotte hatte sich, nachdem sie wieder zu Hause war, kaum vom Telefon weggewagt. Als es jetzt läutete, hatte sie schon abgehoben, ehe das Signal verklungen war.

„Wer ist da?!" rief sie aufgeregt in den Apparat in der Hoffnung, Petersen wäre am anderen Ende. Es war Dr. Barthels.

„Charlotte", sagte er ruhig, „der Kriminaldingsbums Hilger hat mich eben angerufen. Er hat vorgeschlagen, dass du der Lebensversicherung von Roland einen vertraulichen Hinweis gibst. Die würden mit Sicherheit, schon im eigenen Interesse, sofort etwas unternehmen."

„Die Polizei kann also gar nichts machen?"

„Sie haben ein Fax nach Rio geschickt, um Nachfor-

schungen über den Aufenthalt von Roland und Herrn Peter-
mann vorzunehmen."

„Petersen", sagte Charlotte, „er heißt Petersen. Gut, ich
werde die Versicherungspolice raussuchen und dann melde
ich mich wieder. Du musst mir dann sagen, wie ich vorgehen
soll. Onkel Jens, hoffentlich ist nicht alles zu spät!"

„Vielleicht hat die Versicherungsgesellschaft ja eine Agentur in Brasilien, dann könnten die heute noch etwas unternehmen." Er sah auf die Uhr. „Gleich fünf. In Rio ist es jetzt
ein oder zwei Uhr, suche also schnell die Unterlagen!"

Charlotte wusste nicht einmal, bei welcher Gesellschaft
Roland versichert war. Sie konnte das erst anhand der Police
feststellen, die sicher im Wandtresor in der Bibliothek liegen
würde. Der Tresor war natürlich verschlossen – und der
Schlüssel war nicht an der vereinbarten Stelle! Entweder hatte
Roland ihn mitgenommen oder an einen anderen Platz ver-
steckt. Charlotte konnte sich das nicht zusammenreimen. Gesetzt den Fall, sie würde bei Rolands kriminellem Spiel mitmachen, müsste sie doch die Police haben, um an die Versicherungssumme zu kommen. Oder misstraute Roland ihr? - zu
Recht? Sie rief in der Klinik an.

„Onkel Jens, ich kann die Police nicht finden, sie ist bestimmt im Tresor und den Schlüssel dafür hat Roland offensichtlich mitgenommen."

„Das verstehe ich nicht. Bei welcher Gesellschaft ist er denn versichert? Nur bei einer oder sind das mehrere?"

„Ich weiß das doch nicht", stöhnte Charlotte verzweifelt. „Er hat mich doch nie richtig eingeweiht in solchen Dingen. Und ich habe ihm blindlings vertraut."

„Lass gut sein, Charlie", tröstete er sie, „es ist vorbei. Nur ist unsere Möglichkeit, dass die Versicherung etwas unternimmt, dahin. Wir müssen abwarten, ob Hilger etwas herausfindet. Und dann darauf vertrauen, dass Herr Petersen intelligent genug ist, dort das Richtige zu tun."

„Ich bete für ihn", flüsterte Charlotte.

Dr. Steinberg saß im Taxi und trieb den Fahrer an. Das war in Rio vollkommen überflüssig. Die Fahrer schienen alle verhinderte Manuel Fangios zu sein, nicht nur, was die Geschwindigkeit anging, sondern auch die fahrerische Geschicklichkeit. Nur so war es zu erklären, dass es nicht an jeder Ecke krachte. Kurz vor dem Túnel Novo gerieten sie in einen Stau. Da half kein zigfaches Hupkonzert aus der Fahrzeugschlange, kein Fluchen – der Verkehr stand. Es war plötzlich sehr heiß geworden, und Dr. Steinberg stand der Schweiß auf der Stirn. Der Fahrer zeigte nach rechts aus dem Fenster: Aus dem leichten Dunst grüßte der Páo de Açúcar, der Zuckerhut. Genervt winkte Steinberg ab. Seine Unruhe steigerte sich von

Minute zu Minute. Nur – wenn er geahnt hätte, was ihm im Centro do Lapas erwartete, wäre er sicher nicht so erpicht gewesen, schnell dort hinzukommen.

Endlich ging es wieder vorwärts, und gegen 14 Uhr hielt der Wagen vor dem Hotel. Steinberg zahlte und stürmte in den kleinen Empfangsraum. Er orientierte sich kurz und lief die paar Stufen hinauf zum Hochparterre. Schnell fand er das Zimmer 17, und noch etwas atemlos trat er ohne anzuklopfen ein. Zwei weiß gekleidete Männer saßen am Tisch und erhoben sich sofort. Sehen aus wie Sanitäter, stellte er fest. Ob die Petersen gefunden haben?

„Roland Steinberg?" fragte der kleinere. „Is that your passport?" Er hielt ihm den Pass hin, den Petersen hatte liegen lassen.

Steinberg erkannte den Reisepass und vergaß, dass er ja eigentlich Gerhardt Petersen war – ein folgenschwerer Irrtum.

„Yes, that's me", nickte er, auf das Passfoto zeigend.

Im nächsten Augenblick waren die beiden weiß Gekleideten an seiner Seite, packten ihn an den Armen und dann klickten Handschellen.

„He! He! Was soll das?" schrie Steinberg, aber dann hatte man ihm auch schon ein großes Pflaster über den Mund geklebt. Er wehrte sich mit aller Kraft, bis er den Stich einer Injektionsnadel im Nacken spürte. Panische Angst erfüllte ihn und gleichzeitig erlahmte sein Widerstand. Nun ging alles blitzschnell. Sie führten ihn über den Korridor zu dem Ausgang, den Petersen morgens benutzt hatte. Direkt hinter der Tür stand eine ambulâlancia. Dr. Steinberg wurde hineingestoßen und auf eine Trage geschnallt. Ohne Eile rollte der Krankenwagen durch den Park, und erst als sie die Hauptstraße erreichten, wurden die Sirene und das Warnlicht eingeschaltet.

Pedro Ferreira saß in seinem Zimmer und gab sich kleinlaut gegenüber Janio Coello, der leise vor sich hin fluchend vor ihm auf und ab rannte. Sie hatten nichts von dem Vorfall bemerkt. Coello konnte sich nicht vorstellen, wieso dieser alemão verschwunden war, ohne Pass, ohne Geld und infolge der Medikation so gut wie orientierungslos. Man hätte den Umherirrenden sicher schon aufgegriffen, und darüber wäre er informiert worden, wenn nicht – Coello wurde den Verdacht nicht los – Steinberg die ganze Sache inszeniert hatte. Coello sah zum hundertsten Mal auf die Uhr. Wo blieb der Kerl bloß? Die Organisation hatte ihm gesagt, dass sie den dador de órgãos, den „Organspender", um 14 Uhr abholen wollten. Er müsste sie eigentlich informieren, dass sie nicht kommen sollten. Das gibt sicher Ärger, denn die planen minutiös. Er schickte Ferreira zum Zimmer 17. Vielleicht ist der Mann ja wieder eingetroffen, bei diesen Deutschen ist ja alles möglich. Ferreira fand das Zimmer leer, aber irgendwas schien verändert, er konnte aber nicht feststellen, was es war. Kopfschüttelnd ging er in sein Zimmer. Dort stand Coello am Fenster und telefonierte. „Es gibt ein Problem", stotterte Coello, „unser Mann ist … eh … im Augenblick … wir müssen neu terminieren." Coello erwartete ein Donnerwetter. Aber am anderen Ende schien man belustigt.

„Janio, wo stecken Sie? Sie wollten doch dabei sein, wenn wir Ihre Ware abholen?"

„Ich bin im Centro do Lapas – seit einer Stunde."

„Haben Sie ein Mittagsschläfchen gemacht? Unsere Fahrer haben gefunkt, dass sie den Mann an Bord haben und unterwegs sind. Scheren Sie sich zur Station, sie wollten doch selbst operieren!" Coello schaltete kopfschüttelnd aber erleichtert sein Handy ab.

„Ferreira!" schrie er den Erschrockenen an, „ich verstehe über-haupt nichts mehr! Erklären Sie mir, wieso die Organisation den Mann schon abgeholt hat! Was wird hier gespielt?!" Coello war außer sich und Ferreira bewegte sich vorsichtig zur Tür. Der Pass! fiel ihm ein, und laut sagte er: „Der Pass, Senhor Coello, der Pass!"

„Welcher Pass? Was ist damit?"

„Der Pass, der vorhin auf dem Tisch in Zimmer 17 lag, der ist weg!"

Coello stürmt an ihm vorbei zu Petersens Zimmer. Ferreira folgte ihm.

„Hier hat er gelegen", sagte Ferreira und zeigte auf den Tisch. Sie haben ihn doch selbst in die Hand genommen. Jetzt ist er weg! Sie Brieftasche ist aber noch da!" Er schüttelte den Kopf.

Sie durchsuchten das ganze Zimmer. Koffer und Reisetasche mit Inhalt standen noch unausgepackt herum, auch im Bad war nichts Auffälliges zu bemerken. Coello ließ sich stöhnend in den Sessel fallen. Er fühlte sich verraten, aber er wusste nicht, von wem.

Cabrals Chauffeur steuerte den großen, klimatisierten Wagen ruhig und gelassen durch den hektischen Verkehr. Petersen hatte sich entspannt zurückgelehnt und nahm erstmals die fremden Eindrücke dieser schönen Landschaft wahr. Stolz machte ihn Cabral auf die vielen Sehenswürdigkeiten rechts und links ihrer Fahrtroute aufmerksam. Ihr Weg führte nach Norden, zum Vale do Paraíba.

Petersen kehrte zur Aktualität zurück: „Sie sagten, Mister Cabral, dass Sie Dr. Steinberg beobachten lassen. Aber was bringt das? Bis jetzt haben wir noch keinerlei Beweise gegen ihn."

„Bis jetzt nur sehr wenige. Ihre Tabletten zum Beispiel.

Dann Pedro Ferreira, der Sie bewachen sollte. Allerdings befürchte ich, dass der vorerst noch nicht zu unserer Verfügung steht. Die Strafen für Verräter in diesen Kreisen sind tödlich. Dr. Steinberg ist jetzt selbst im Erklärungsnotstand. Er kann seinen Vertrag nicht erfüllen, das kann gefährlich für ihn werden, sehr gefährlich."

„Sollen wir das verhindern? Aber wie? Sein Komplize, dieser Arzt ..."

„Janio Coello", ergänzte Cabral. „Also dieser Mann hat doch die besten Verbindungen zur Polizei, wie Sie sagten."

„Stimmt. Aber auch ich habe einige Verbindungen – das ist in diesem Land so üblich."

Sie passierten einen Tunnel.

„Tunél que chora", sagte Cabral, der weinende Tunnel. Ständig tropft Regenwasser von seiner Decke."

Der Fahrer schaltete die Scheibenwischer ein. Nach 80 Metern waren sie wieder im Freien und kurz vor dem Städtchen Conservatória bogen sie rechts ab.

„Gleich sind wir da". Cabral wandte sich Petersen zu: „Will-kommen auf der Fazenda Enrico Cabral de Hera, lieber Mister Petersen, wir freuen uns, dass Sie unser Gast sind."

Eine lange, beidseitig von einem weißen hölzernen Lattenzaun begrenzte Zufahrt, begleitet von verschiedenen herrlichen Bäumen, führte zu einer im Hintergrund erkennbaren fast grünen Villa. Beim Näherkommen erkannte Petersen, dass das Gebäude von einem enormen Blätterwald aus Efeu zugedeckt wurde.

„Hera heißt Efeu, und Enrico war mein Vater", erklärte Cabral dem staunenden Petersen.

Auf den Stufen vor dem beeindruckenden Portal des Herrenhauses stand Yvonne.

„Herzlich willkommen!" Sie umarmte erst Petersen, dann ihren Mann.

Petersen folgte den beiden ins Haus. Eine angenehme Kühle schlug ihm entgegen. Sie gingen, vorbei an alten französischen Möbeln, auf dem grünweißen Marmorfußboden der imposanten, mit großen Gemälden in Goldrahmen geschmückten Halle, in den rückwärtigen Teil des Hauses. Sie betraten das Wohnzimmer mit Ausblick auf einen herrlichen Garten, und Yvonne lud mit einer Handbewegung zum Sitzen ein. Petersen sah an sich hinunter. Er kam sich in seinem Trainingsanzug ziemlich deplatziert vor. Yvonne bemerkte es und sagte lächelnd, dass alles, was er benötigte, morgen früh geliefert wird. Im Übrigen finde sie ihn in seinem sportlichen Outfit recht attraktiv. Cartelo protestierte mit gespielter Eifersucht. In das allgemeine Gelächter hinein läutete das Telefon. Cartelo Cabral hob ab.

Der Motorradfahrer, der Dr. Steinbergs Taxi verfolgt hatte, war am Apparat.

„Der Mann aus dem Taxi ist ins Centro do Lapas und im Zimmer 17 verschwunden."

„Ja, was macht er da, ist er alleine?"

„Er ist verschwunden."

„Was heißt verschwunden?"

„Er ist nicht mehr in dem Zimmer. Janio Coello und noch ein Mann waren ziemlich aufgeregt. Coello hat geflucht. Sie reden jetzt gerade mit dem Portier und dem Etagenkellner. Soll ich weiter dranbleiben?"

Cabral überlegte kurz. „Ja, bleib dran, Martin." Er hatte plötzlich einen schlimmen Verdacht.

In der Villa Steinberg in Hamburg läutete das Telefon. Charlotte fuhr hoch und sah auf die Uhr. Es war Mitternacht, und sie hatte gerade erst ein paar Minuten geschlafen. Ihr Herz klopfte bis zum Hals.

„Ja?"

„Frau Steinberg? Charlotte?"

"Peter!!! Wo bist du? Wie geht es dir? Bist du gesund?"

Petersen registrierte wohlig das vertraute „Du". „Es ist alles in Ordnung mit mir. Ich bin bei Freunden in Sicherheit."

„Gott sei Dank. Dr. Barthels, du weißt, der Partner von Roland, hat hier mit einem Freund von der Polizei gesprochen. Er wollte veranlassen, dass du gesucht wirst. Hat sich die Polizei bei dir gemeldet?"

„Nein, aber warte mal ..." Er wandte sich an Cabral: „Man hat die Polizei in Hamburg eingeschaltet, die wollten mich in Rio suchen lassen."

„Nur Sie oder auch Steinberg?"

Petersen fragte zurück. „Nein, auch Steinberg."

„Sagen Sie der Senhora, dass wir ihr ein Fax schicken mit allen Informationen. An welche Nummer können wir es senden?"

Charlotte hatte keinen Faxanschluss. Es kam nur der Apparat in der Klinik infrage. Sie musste die Nummer erst heraussuchen. Dann fragte sie doch, was sie eigentlich nicht wollte: „Was ist mit Roland?"

„Wir beobachten ihn." Er verschwieg, was er eben von Cartelo erfahren hatte.

„Peter, wann kommst du zurück? Brauchst du Geld? Bitte, bitte, pass auf dich auf!"

„Mach dir keine Sorgen, ich bin in guten Händen. Gute Nacht, Charlotte."

Er versuchte, sein Glücksgefühl nicht zu zeigen, als er sich wieder den Cabrals zuwandte. Es gelang ihm wohl nicht ganz, denn Yvonne lächelte ihm verständnisvoll entgegen.

„Kommen Sie", sagte sie und hängte sich bei ihm ein,

„O Jantar, Abendessen."

Charlotte konnte nicht wieder einschlafen. Er lebt! ging es ihr immer wieder durch den Kopf, alles wird gut. Kann ich jetzt noch Onkel Jens anrufen? Sie musste mit jemand sprechen. Entschlossen wählte sie seine Nummer. Es dauerte eine Weile, ehe am anderen Ende abgehoben wurde.

„Peter ... sen hat sich gemeldet! Er lebt und ist in Sicherheit!"

„Na großartig", brummte Dr. Barthels. „Was ist mit Roland?"

„Ich weiß nichts Genaues, man beobachtet ihn. Petersen will ein Fax an die Klinik schicken mit weiteren Informationen."

„Er wird das hoffentlich nicht zu deutlich formulieren, sodass fremde Augen etwas damit anfangen können. Ich werde ganz früh in die Klinik fahren und ruf dich dann an. Im Moment können wir doch nichts unternehmen. Schön, dass wir wenigstens in einem Fall wissen, dass noch nichts passiert ist. Geh zu Bett Charlie, und schlaf ein wenig."

„Ja, Onkel Jens, gute Nacht."

Auf der gegenüberliegenden Seite des Centro do Lapas startete Martin seine Suzuki. Der Wagen von Janio Coello wurde gerade vorgefahren. Coello und Pedro Ferreira, dessen Namen er inzwischen herausbekommen hatte, kamen aus dem Hoteleingang. Der Wagenmeister hielt die Tür offen und Coello setzte sich hinters Steuer. Ferreira nahm neben ihm Platz und sofort setzte sich die schwere Mercedes-Limousine in Bewegung. Es war nicht schwer, dem Wagen mit dem Motorrad auf den Fersen zu bleiben. Die Fahrt ging ostwärts, dem Feierabendverkehr entgegen, bis sie auf die Av. Rodrigues Alves stießen, die direkt am Wasser entlang nach Norden führte. Auf der Autobahn 101 kreuzten sie die Bucht von Guanabara weiter nach Osten, wo Coellos Wagen zu dem kleinen Hafen von Barreto steuerte und hielt. Die beiden Insassen stiegen aus gingen hinunter zu den dort vertäuten Booten. Minuten später löste sich eine kleine Rennjacht vom Kai und jagte, eine weiße Gischtspur hinter sich lassend, in die Bucht hinaus. Martin konnte gerade noch den Namen entziffern, Yasmin hieß das Boot, und ließ es nicht aus den Augen bis er sicher war, dass es auf eine der noch gut erkennbaren Inseln zusteuerte.

Petersen hatte gerade nach seinem Gespräch mit Charlotte den Hörer aufgelegt, als das Telefon erneut läutete. Cabral hob ab.

„Olá?"

„Martin hier. Die Senhores Coello und Ferreira, so heißt der zweite Mann, sind mit einem Boot namens Yasmin, von Barreto zu den Inseln hinausgefahren."

„Kann dein Wundermotorrad nicht schwimmen?", scherzte Cabral. Er wusste, wie stolz Martin auf seine Maschine war.

„Ich weiß nicht, Senhor, vielleicht probiere ich es ja mal aus", hörte Cabral Martin lachen.

„Hast alles gut gemacht, Martin, kannst jetzt nach Hause kommen", lobte Cabral ihn.

Der Name des Bootes war schon viel wert. Cabral wählte die Nummer vom Rio Yacht Club, in dem er selbstverständlich Mitglied war, und versuchte, noch jemand im Sekretariat zu erreichen. Es war aber schon zu spät. Cabral wählte seine andere Nummer. Er sprach ein paar Worte und legte auf. Kurz darauf klingelte sein Handy.

„Ich muss wissen, wem die Motorjacht Yasmin am Liegeplatz Barreto und zu welcher Insel sie regelmäßig fährt. Rápido!"

Cabral erklärte Petersen, was er erfahren und veranlasst hatte. Er wusste, dass sich einige der kleinen Inseln in der Baía de Guanabara in Privatbesitz befanden. Sie waren öffentlich nicht zugänglich, zum Teil von privaten Sicherheitsdiensten schwer bewacht, und es war ein offenes Geheimnis, dass sich dort verschieden kriminelle Strukturen entwickelt hatten. Hin und wieder kam es zwischen den Interessengruppen, aber auch mit der Polizei zu regelrechten Seegefechten. Es war weiter nicht verwunderlich, dass dieser degradierte Arzt und zwielichtige Geschäftsmann, Janio Coello, offenbar auch dort eine Rolle spielte. Ihm fiel ein, dass Coello Chirurg gewesen war und immer wieder mit dem spurlosen Verschwinden von Kindern aus den Elendsquartieren auf den Hügeln, in Verbindung gebracht wurde. Man hatte bisher nicht erfahren – oder erfahren wollen - wo die Operationsbasis dieser Organmafia war. Die könnte durchaus auf einer dieser Inseln liegen.

Petersen hatte den Ausführungen Cabrals mit zunehmender Spannung zugehört. „Himmel", stöhnte er jetzt, „wahrscheinlich würde ich jetzt dort auf dem Seziertisch liegen und regelrecht ausgeschlachtet werden! Steinberg wollte mich nicht nur einfach umbringen lassen, sondern auch noch mit meinen Organen Geschäfte machen! Entschuldigung, mir wird übel."

Blass, mit kaltem Schweiß auf der Stirn, hing Petersen im Sessel. Yvonne war aufgesprungen und zum Barschrank gelaufen. Sie kehrte mit einem Glas cachaça zurück. „Hier, trinken Sie, Mister Petersen, es ist ein Zuckerrohrschnaps. Sehr stark, kann Tote aufwecken." Es war der falsche Kommentar, wie sie gleich bemerkte und sie konnte gerade noch ein "Oh sorry" hinzufügen, als das Läuten von Cabrals Handy sie unterbrach.

Cabral drückte auf die Taste und machte schweigend ein paar Notizen. Dann wandte er sich an Petersen.

„Wir wissen jetzt, wem die Jacht gehört. Der Name sagt mir allerdings nichts. Vielleicht ein Strohmann. Das Boot verkehrt normalerweise zur Ilha do Cão, fährt aber nie auf direktem Weg dorthin. Wachleute verhindern, dass dort Fremde anlegen."

Es war nicht alles, was Cartelo Cabral erfahren hatte, aber er behielt es vorerst für sich.

Fax: Ich bin bei Freunden in der Nähe von Rio: Fazenda Enrico Cabral de Hera. Fax- und Telefonnummer wie oben angegeben. RSts letzte Adresse war Everest Rio Hotel, Ipanema, Tel. 523-2282 Fax 521-3198. Dort war er unter meinem Namen gemeldet. Er steht offensichtlich in Verbindung mit einem gewissen Janio Coello, ein zwielichtiger Arzt, dem man die Approbation entzogen hatte. (OTP?) RSt begab sich zu einem Treffen mit diesem Mann in das Hotel Centro do Lapas, Tel. 224-4144. Seitdem verschwunden. Diese Nachricht darf nur verwendet werden, wenn ich mich innerhalb der nächsten 24 Stunden nicht melde! Verhindert bis dahin weitere Nachforschungen durch die Polizei, es könnte uns in Gefahr bringen. Herzlichen Gruß an C. (Um unbefugten Lesern Verständnis zu erschweren, in Englisch geschrieben) GP.

Dr. Barthels war in Erwartung des Fax bereits früh um sechs Uhr in die Klinik gefahren. Das Fax steckte schon im Gerät. Er las den Text mehrmals und sein Blick blieb an den drei Buchstaben „OTP" hängen. Petersen war kein Mediziner, aber was konnte er sonst mit dieser Abkürzung als Organtransplantation meinen? In welche Kreise war Roland da reingeraten beziehungsweise mit wem hatte er sich da eingelassen? Die Sache wurde immer schlimmer. Dr. Barthels hatte natürlich schon bei verschiedenen medizinischen Veranstaltungen von illegalem Organhandel in Südamerika gehört. Eine verabscheuungswürdige Sache. Aber ihn als Internisten interessierte daran höchstens der kriminelle Aspekt. In der Tat wäre ein Eindringen in diese Kreise höchst gefährlich, und er beschloss, wie von Petersen gewünscht, seinen Freund bei der Kripo über dieses Fax zunächst nicht zu informieren. Er sah auf die Uhr. Gleich sieben. Es war noch zu früh, um Charlotte anzurufen. Seufzend setzte er sich an seinen Schreibtisch und begann, die aufgetürmten Akten durchzusehen. Die Sorgen um die, wenn auch noch unbewiesenen Machenschaften seines Partners, lenkten ihn immer wieder von seiner Arbeit ab. Er wusste, dass das Schicksal der Klinik mit Rolands Schicksal verbunden war. Ich habe es mir aber oft auch zu einfach gemacht, wenn es um finanzielle Dinge ging, dachte er. Roland hat, wenn es Probleme mit den Banken gab, immer wieder Gelder groß-zügig nachgeschoben – Gelder, die aus Charlottes Vermögen stammten. Eigentlich müsste ich mich schämen, aber verdammt, ich bin kein Kaufmann. Diese Klinik wirtschaftlich zu führen – und das haben mir die Banken bestätigt – sollte durchaus möglich sein. Aber Roland wehrte sich immer gegen die Einstellung eines kaufmännischen Direktors. Das muss sich jetzt ändern. Was ist, wenn Roland nicht zurückkommt? Nach dem bisher Vorgefallenem kann er das auch nicht. Rolands Plan, Petersen für sich sterben zu lassen, ist wohl zum Glück gescheitert. Aber: Bei all der kriminellen Energie, die Roland in sein Vorhaben investiert hat, wird er einen anderen Weg suchen, um an Ziel zu kommen. Und so lange wird Petersen in höchster Lebensgefahr schweben. Und plötzlich überfiel ihn eine böse Ahnung: Sollte Petersen nicht nur sterben, sondern sollten außerdem auch seine Organe „verwertet werden? Roland, du bist krank oder wahnsinnig! Oder beides!

Gegen neun Uhr rief Dr. Barthels Charlotte an. Er sagte, dass er das Fax erhalten habe. Charlotte war sofort hellwach.

„Ich bin schon unterwegs!“

„Nicht nötig, ich kann es dir vorlesen. Wir dürfen in den nächsten 24 Stunden sowieso nichts unternehmen.“

„Ich muss es selber lesen! Bis gleich." Sie legte auf.

Charlottes Geduld wurde auf die Probe gestellt. Dr. Barthels war zur Intensivstation gerufen worden und machte dann anschließend die morgendliche Visite. Unruhig lief Charlotte in Dr. Barthels Arbeitszimmer hin und her. Endlich stürmte der Arzt, ein Paket Akten unterm Arm, ins Zimmer. Er knallte die Papiere auf den Tisch und setzte sich.

„Setz dich, Charlie, einen Moment noch." Er wühlte eine Weile in den Akten, seine Umgebung scheinbar vergessend. Bis Charlotte sich räusperte. „Onkel Jens?"

„Ja. So jetzt zu dir." Er stand auf. „Hier ist das Fax. Sehr neutral formuliert. Gut gemacht."

Mit Herzklopfen las Charlotte den Text und Dr. Barthels hoffte, dass sie nicht über die Abkürzung OTP stolperte.

Doch da passierte es schon. „Was bedeutet OTP?" fragte sie.

„Ich weiß es nicht. Im Moment unwichtig. Wir müssen abwarten."

„Herr Petersen hat bestimmt nichts Unwichtiges geschrieben", sagte Charlotte mit einem leicht vorwurfsvollen Unterton. Aber sie besann sich sofort und fügte hinzu: „Sicher hast du recht, Onkel Jens."

„Sicher. Und deshalb musst du gleich wieder nach Hause, für den Fall, dass Petersen oder Roland sich bei dir meldet."

Dr. Barthels setzte sich wieder an seinen Schreibtisch und schien im nächsten Augenblick Charlotte vergessen zu haben.

Bei schnell einbrechender Dunkelheit legte die Jacht „Yasmin" in einer kleinen Bucht der Ilha do Cão an. Janio Coello und sein Begleiter sprangen in einen bereitstehenden Jeep, der von einem schwer bewaffneten Wachmann begleitet wurde. Nach wenigen Minuten stoppten sie vor einem lang gestreckten, flachen und von hohen Bäumen umgebenen Gebäude. Kein Lichtschein drang nach draußen. Die schwere Stahltür wurde von innen geöffnet, und sie traten ein. Ein Krankenhausgeruch schlug ihnen entgegen. Coello steuerte zielstrebig zu einer Tür, und ohne anzuklopfen, trat er ein. Ferreira wurde am Weitergehen von einem Wachmann gehindert, aber auf einen Wink von Coello durchgelassen. Es war eine Art Büro, in dem Coello von einem Mann in einem schmuddeligen, mit Blutflecken verschmutzten Kittel empfangen wurde. Ferreira wartete vor der Tür.

„Wo bleibst du bloß, Janio?"

„Wo ist der Mann?" fragte Coello zurück. Caesar, ich muss ihn sofort sehen!"

„Na wo schon", grinste Caesar. „Was ist los mit dir? Komm mit."

Sie gingen den Gang entlang und traten nach ein paar

Schritten in einen grell erleuchteten Raum. Ferreira durfte sich anschließen. Auf einem OP-Tisch lag unter einem grünen Laken ein nackter Mann. Verschiedene Schläuche von einer pumpenden Maschine, von einer kleinen carioca im Arzthelferkittel überwacht, führten unter das Tuch. Mit zwei Sätzen war Coello bei ihm und schlug das Laken zurück.

„Nein!!! Ich habe es beinahe geahnt! Das ist der falsche Mann ... äh ... der Verschwundene! Nein, wir müssen die Operation verschieben." Es war ziemlich zusammenhanglos, was Coello, mit unterdrückter Aufgeregtheit von sich gab. Ferreira gelang es, einen Blick unter das Tuch zu werfen. Auch er schien beunruhigt.

„Geht nicht", sagte Caesar, "wir haben ihn bereits entgiftet. Aber was heißt hier ‚der falsche Mann'? Wir haben ihn am richtigen Ort abgeholt, und er hatte die richtigen Papiere bei sich." Es klang drohend.

Jetzt nur keinen Fehler machen, schoss es Coelllo durch den Kopf. Die Organisation wusste nur, dass er einen homen liefern würde, und nichts von der Doppelgänger Geschichte. In der Regel interessierte sie auch nicht die Herkunft der „Ware". Wenn die Organisation dahinter käme, dass er auch noch Geschäfte auf eigene Rechnung machte, hätte er sehr schlechte Karten. Verdammt, die Gewebeprobe und die Fingerprints brauche ich ja noch, fiel ihm ein. Wenn sich die deutsche Polizei um den Vermissten kümmert, müssen die Sterbedokumente wasserdicht sein.

„Entschuldige, ich habe mich geirrt. Er sieht so anders aus. Wann können wir mit der Obduktion beginnen?"

„Sofort, wenn du willst. Ich schicke dir noch einen Assistenten. Aber erst mal in die Sterilisation. Wir wollen einwandfreie Ware liefern."

Coello nickte. Er ging nach nebenan, legte seine Straßenkleidung ab, und schlüpfte in den OP-Anzug. Dann wusch er ausgiebig seine Hände.

Nach einer kurzen Nacht waren Petersen und Cabral wieder unterwegs nach Rio. Für Petersen waren am Morgen eine hellgraue Hose, weiße Hemden und ein dunkelblaues Sakko geliefert worden – nur die dazugehörenden Schuhe waren zwei Nummer zu klein. Er trug deshalb seine Trainingsschuhe, was seinem Erscheinungsbild eine ausgesprochen sportliche Note verlieh. Cabral, der während des Gesprächs mit seinem Informanten am gestrigen Abend noch erfahren hatte, dass an einer versteckten Stelle der Guanabara-Bucht hin und wieder Ambulanzwagen beobachtet und aus diesen zugedeckte Körper auf Tragen in die „Jasmin" verbracht wurden, war sich ziemlich sicher, dass der verschwundene Dr. Steinberg ebenfalls diesen Weg genommen hatte. Bis der Irrtum aufgeklärt war, hatte Steinberg sicher eine höllische Angst auszustehen. Aber Cabral gönnte es ihm von Herzen. Jetzt war es wichtig, umgehend aus dem Appartement von Steinberg dessen Sachen abzuholen und das Zimmer ordnungsgemäß zu bezahlen. Wenn die Polizei aufgrund der Anfrage aus Deutschland nach Petersen und Steinberg suchen sollte, würde man auch auf die ordnungsgemäße Anmeldung eines Herrn Petersen im Everest Rio Hotel stoßen. Das wusste mit Sicherheit auch Coello. Der müsste, auch wenn er es selbst nicht veranlasst hätte, was aber nicht wahrscheinlich war, die Verwechslung der Personen bemerkt haben. Damit würden diese Leute verstärkt nach Petersen suchen. Bisher hatten sie wohl noch keine Vorstellung, wie Petersen verschwinden konnte.

Cartelo Cabral hielt es jetzt für angebracht, Petersen davon zu informieren, was er ihm gestern noch nicht gesagt hatte und welche Schlüsse er daraus gezogen hatte. Petersen hörte schweigend zu. Dann, mit innerer Erregung, sagte er: „Ich befürchte, die haben Dr. Steinberg an meiner Stelle abgeholt. Und die werden das mit ihm machen, was man mit mir vorhatte. Denen ist doch schließlich egal, wem sie die Organe aus dem Körper schneiden. Wir müssen die Polizei einschalten!"

„Wir müssen einen klaren Kopf behalten, Mister Petersen. Wenn die merken, dass sie den falschen Mann erwischt haben, werden sie ihn vielleicht laufen lassen und verstärkt nach Ihnen suchen. Der Polizei gehen wir lieber aus dem Wege."

„Diese Verbrecher werden Dr. Steinberg bestimmt nicht laufen lassen, die freuen sich höchstens, dass sie noch einen zusätzlichen Organlieferanten gefunden haben. Die Polizei sollte sofort diese Insel stürmen und die Bande festnehmen!"

„Aufgrund welcher Beweise, mein lieber Freund? Die Polizei weiß sicher einiges mehr als wir, und wenn Sie sich ihr stellen, sind Sie garantiert geliefert!"

Der Wagen hielt eine Straßenecke vor dem Everest Rio Hotel. „Wir holen jetzt Steinbergs Gepäck - das ja nominell Ihr Gepäck ist — aus dem Appartement und bezahlen ganz offiziell die Rechnung. Dann wird die Polizei feststellen, dass Mr. Petersen abgereist ist. Die wissen ja nichts von dem Personentausch. Hier, nehmen Sie das Geld und bezahlen damit." Er reichte Petersen eine Handvoll Dollarnoten. „Sie können es mir irgendwann zurückgeben", begegnete er Petersens abwehrende Haltung. „Sie haben doch keine andere Wahl, oder?"

„Ich werde das alles gar nicht wieder gutmachen können, was Sie und Ihre Frau für mich getan haben. Danke, Mister Cabral."

„Sie sind mein Freund, Okay?"

Sie betraten, wieder getrennt und in einem kleinen zeitlichen Abstand das Hotel und fuhren, wie das letzte Mal, Petersen bis zur fünften und Cabral bis zur sechsten Etage. Petersen nahm zwei Stufen auf einmal auf dem Weg nach oben. Cabral stand am anderen Ende des Ganges, und Petersen öffnete, sich nach beiden Seiten umsehend, die Tür zum Appartement 616. Er lehnte die Tür hinter sich nur an, und einen Augenblick später, schlüpfte Cabral ins Zimmer. Es war noch in dem gleichen Zustand, wie sie es nach ihrem ersten Besuch verlassen hatten. Sie packten Anzüge und Wäsche in den Koffer, holten auch aus dem Bad die Toilettenartikel, Zahnbürste und Rasierer und verstauten alles in der Reisetasche. Die zwei Paar Schuhe wollte Petersen stehen lassen, weil sie ihm zu klein waren. Cabral packte sie aber in die Reisetasche. Petersen würde die Tasche Charlotte übergeben. Dann rief Petersen in der Rezeption an und bat, seine Rechnung fertigzumachen. Wie er bezahlen wolle? In bar, in Dollar. Ob man sein Gepäck abholen solle? Nein, danke, nicht nötig. Cabral hatte noch in der Nachtschrankschublade ein kleines, in Silber gerahmtes Bild gefunden. Es zeigte die Porträts von Charlotte und Steinberg. Mit gemischten Gefühlen steckte Petersen es ein. Den Rollenkoffer hinter sich herziehend, ging er zum Lift und fuhr nach unten. Der Computer hatte schon die Rechnung ausgespuckt, und Petersen bezahlte. Erlegte die Keycard für das Zimmerschloss auf den Tisch, aber der Portier sagte lächelnd, er könne sie als Souvenir behalten. Das Schloss würde für jeden Gast neu codiert.

Cabral ging, mit der Reisetasche an der Hand, an ihm vorbei zum Ausgang. Petersen folgte ihm mit einigem Abstand. Gegenüber dem Hotel lungerte Martin mit seinem Motorrad herum. Carbrals Chauffeur nahm ihnen das Gepäck ab und verstaute es im Kofferraum. Die Männer stiegen in den Wagen und Cabral telefonierte. Er erfuhr, dass Coello wieder in Rio war und sich mit einem Beamten vom Gesundheitsamt getroffen hatte. Sie hatten gegenseitig kleine Päckchen ausgetauscht und sich dann schnell wieder getrennt. Er erzählte es Petersen, und sie rätselten, was das zu bedeuten hatte.

Cabral besaß ein kleines, aus der Jahrhundertwende stammendes Stadthaus in Rios Centre Histórico, das sie jetzt ansteuerten. Eine dunkelhäutige, ziemlich rundliche Haushälterin strahlte über das ganze Gesicht, als sie Cabral erblickte. „Das ist Maria", sagte der zu Petersen. „Hier wird niemand nach Ihnen suchen. Machen Sie es sich bequem, das Haus steht zu Ihrer Verfügung. Maria kann ein wenig Englisch, sie wird Ihnen helfen, wenn Sie was brauchen. Ich muss noch einiges erledigen und komme dann wieder. Wir werden dann Hamburg anrufen, ehe man dort nervös wird. Ciao amigo!"

Dr. Roland Steinberg war tot – zum größten Teil jedenfalls. Seine Organe werden weiterleben, in verschieden Körpern reicher Menschen, die es sich leisten konnten, ihre Gesundheit auf dem Schwarzen Markt zu kaufen. Janio Coello war in den frühen Morgenstunden mit dem geduldig auf ihn wartenden Pedro Ferreira zum Festland zurückgekehrt. Der hatte in dieser Nacht nur wenig geschlafen.

Im Laufe des Vormittags hatte Coello eine Verabredung mit einem Mann von der Gesundheitsbehörde, dem er ein Päckchen mit Gewebeproben, Gebiss- und Fingerabdrücken von Steinberg, aushändigte. Nach entsprechend amtlicher Behandlung sollte das Material, zusammen mit der Sterbeurkunde, dem deutschen Konsulat in Rio übergeben werden. Die Asche des Toten, der in dem eigenen kleinen Krematorium auf der Ilha do Cão, zurzeit verbrannt wurde, würde separat folgen. Auch mit der polícia war alles arrangiert. Sie würde die Kollegen in Hamburg kurz über den bedauerlichen Tod des Gesuchten unterrichten. Damit wäre die Sache sauber erledigt. Nur eines beunruhigte ihn weiter: Wo war dieser Doppelgänger von Steinberg geblieben? Wer war der Mann überhaupt? Er wusste nur, dass er Petersen hieß. Auf dessen Namen hatte er das Appartement im Everest Rio gebucht. Vielleicht befanden sich dort noch Unterladen zu dessen Identität, die Steinberg hinterlassen hatte. Also nichts wie hin.

„Der Gast aus 616 ist vor gut zwei Stunden ausgezogen." Der Mann am Empfang hob bedauernd die Schultern. Nein, er wüsste nicht, wohin. Nein, der Senhor hat kein Taxi genommen. Ja, er war allein. Er hat bar bezahlt.

Ein Geldschein wechselte von Coello zum Mann am Empfang, obwohl seine Auskünfte eigentlich wertlos waren. Oder doch nicht? Petersen – oder wer sonst? – musste hier gewesen sein! Das bedeutete doch, dass dieser Mann alles geahnt und ihnen nur etwas vorgespielt hatte. Und das erklärte auch sein spurloses Verschwinden, denn normalerweise hätte man einen Mann in dem vermeintlich hilflosen Zustand schnell finden müssen. Coello witterte Gefahr. Woher wusste Petersen, wo Steinberg abgestiegen war? Bestimmt nicht von dem Doktor. Also musste er Helfer haben. Was wusste der Mann überhaupt? War er gar ein deutscher Polizist? Er durfte Rio auf keinen Fall verlassen. Hier wäre er noch unschädlich zu machen. Wäre er erst im Ausland, könnte er von dort Polizei, Interpol, und noch gefährlicher, die Medien einschalten. Wenn er aber Polizist ist, hat er sicher schon alles nach Deutschland berichtet. Fragen über Fragen! Höchste Gefahr! Man müsste eigentlich sofort die Organisation informieren, aber das würde ihm den Kopf kosten.

Coello zog sein Handy aus der Tasche und wählte eine Nummer. Sie war streng geheim und gehörte zu den berüchtigten Todesschwadronen der Stadt. „Ich habe einen dringenden Auftrag", sagte er nur, „Sie bekommen in 40 Minuten ein Fax." Er setzte sich in sein Auto und fuhr, so schnell es der Verkehr zuließ, zu seinem Büro, dessen Adresse nur zwei oder drei Vertrauten bekannt war.

Kriminaloberrat Hilger wunderte sich einerseits, dass er von Dr. Barthels nichts hörte, war andererseits aber auch froh darüber. Nur, ihn interessierte der Fall jetzt privat. Was da geplant war, und es schien Realität zu sein, war selbst für einen Kriminalbeamten nicht alltäglich. Seine Neugierde – eine Berufskrankheit entschuldigte er sich – ließ ihm keine Ruhe. Er rief Dr. Barthels an.

„Hallo Jens, seid Ihr mit der Versicherungsgesellschaft weitergekommen?"

„Nein, Bernd, die Police liegt im Tresor und Charlotte Steinberg hat keinen Schlüssel. Aber es scheint auch noch nichts passiert zu sein. Charlotte hatte gestern Abend einen kurzen Anruf von Petersen, dass er in Sicherheit ist."

„Was hat er genau gesagt? Habt Ihr seine Adresse?" Der Kriminalist brach bei Hilger durch.

„Mehr weiß ich nicht, Bernd", schwindelte Dr. Barthels, es war nur ein ganz kurzes Gespräch. Der Mann wollte sich aber bald wieder melden."

„Wann? Wie steht eigentlich Frau Steinberg zu Petersen? Gibt es da eine Beziehung?"

„Keine Ahnung. Sie verbindet wohl das Wissen über das geplante Verbrechen. Wahrscheinlich ist ihr der Mann nicht ganz unsympathisch. Hast du schon irgendwelche Nachricht aus Rio?"

„Nur eine Eingangsbestätigung für mein Fax. Sag mal Jens, du verschweigst mir doch nichts?"

„Entschuldige Bernd, ich muss zur Intensivstation. Ich ruf dich später an."

Hilger hatte das Gefühl, dass Bernd mehr wusste. Mal hören, was Frau Steinberg zu sagen hat. Er suchte Ihre Nummer heraus und tippte sie in den Apparat. Charlotte meldete sich schon nach dem ersten Klingelzeichen.

„Peter, bist du es?!" klang es aufgeregt an sein Ohr.

„Hilger hier, Frau Steinberg. Ich hörte von Dr. Barthels, dass sich Herr Petersen bei Ihnen gemeldet hat. Wissen Sie auch etwas von Ihrem Mann?"

„Nein, Herr Petersen wusste nicht, wo er war."

„Was hat Herr Petersen Ihnen genau gesagt? Wissen Sie eine Adresse oder Telefonnummer?"

„Die steht doch im …" Fax, wollte sie sagen, konnte das Wort aber gerade noch hinunterschlucken. Keine Polizei hatte Peter doch geschrieben!

„Entschuldigen Sie Herr Hilger, ich habe sie nicht verstanden", versuchte sie sich zu retten.

Sie sagten, die steht doch im … Wo steht was?"

Frau Köster ging gerade an der offenen Tür vorbei. „Ich meine nicht Sie, Herr Hilger, ich sprach zu meiner Haushälterin." Sie atmete auf.

Hilgers kriminalistisches Misstrauen war geweckt. Wieso hatte Frau Steinberg nur Verbindung zu diesem Petersen und nicht zu ihrem Mann? Spielte sich da irgendetwas ab, dass gegen Dr. Steinberg ging? Er konnte auch nicht glauben, dass Frau Steinberg nicht an die Versicherungsunterlagen herankonnte.

„Was ist mit der Versicherungsgesellschaft? Können die in Rio ermitteln?"

„Nein, ich habe die Police nicht, sie liegt im Tresor. Und der Schlüssel ist nicht da."

„Bei welcher Gesellschaft ist Ihr Mann denn versichert?"

„Ich weiß es doch nicht", stöhnte Charlotte genervt.

Nun, die Aussagen von Jens und Frau Steinberg decken sich. Aber er war sich sicher, dass man ihm nicht alles gesagt hatte.

Nachdem Hilger aufgelegt hatte, rief Charlotte sofort bei Dr. Barthels an. „Herr Hilger rief mich an. Ich glaube, dein Freund traut mir nicht."

„Wie kommst du darauf? Er ist Kriminalbeamter, und die fragen immer so. Du hast doch nichts von dem Fax gesagt?"

„Ich hätte mich beinahe verplappert, aber ich konnte es noch zurechtbiegen."

„Na, so einen erfahrenen Kripomann täuscht du nicht so leicht." Er blickte auf die Uhr. „Wir müssen mindestens noch 16 Stunden stillhalten, ehe wir etwas unternehmen dürfen. Ich möchte Bernd, Herrn Hilger, auch nicht privat, weiter ins Vertrauen ziehen. Wappnen wir uns mit Geduld, vielleicht meldet sich ja einer deiner beiden Männer schon früher."

„Onkel Jens!!!"

„Entschuldige Charlie, war mir nur so rausgerutscht."

Die Haushälterin, Frau Köster, kam mit einem Tablett, auf dem ein kleines Mittagessen angerichtet war. Sie hatte sorgenvoll beobachtet, dass Charlotte fast nichts aß und sich nicht vom Telefon wegrührte. Selbst wenn sie ins Bad ging, nahm sie den Telefonhörer mit. Frau Köster wusste nur, dass der Herr Doktor verreist war und sie vermutete, dass Frau Steinbergs Verhalten damit zusammenhing. Auch jetzt schob sie das Tablett wieder zur Seite. „Danke, liebe Frau Köster, aber ich habe keinen Appetit. Vielleicht nachher." Seufzend nahm die Haushälterin das Essen wieder mit.

Rita hatte heute Vormittag reingeschaut und gefragt, ob sie noch ein oder zwei Tage Urlaub haben könne. Charlotte war ganz froh darüber. Rita fragte noch, wann der Herr Doktor zurückkäme und sagte, dass sie sich zwischendurch noch mal melden würde, falls man sie brauchte. Sie ging in die Küche, sprach eine Weile mit Frau Köster und schien guter Dinge zu sein, als sie das Haus wieder verließ.

„Coello war vor zwei Stunden im Everest Rio Hotel." Cabral war zurückgekehrt und berichtete Petersen ziemlich atemlos, was er erfahren hatte. „Er wird daraus schließen, dass Sie dort waren und dass Sie wahrscheinlich einiges wissen, was für ihn gefährlich sein könnte. Sie müssen so schnell wie möglich das Land verlassen!"

„Aber wir müssen doch erst noch Beweise sammeln, damit wir mit Erfolg gegen diese Leute vorgehen können. Was, zum Beispiel, ist mit Dr. Steinberg passiert?"

„Steinberg wurde letzte Nacht auf der Ilha do Cão getötet. Seine Leiche wurde verbrannt. Das deutsche Konsulat wird seinen Tod nach Hamburg melden. Die Organmafia wird eine unverdächtige Todesursache zweifelsfrei nachgewiesen haben.

„Entsetzlich. Also wird man die Mörder nicht packen können."

„Jedenfalls nicht Sie, lieber Freund und nicht vor Ort. Sie können eher etwas von außerhalb erreichen können. Fliegen

Sie zurück nach Hamburg. Meine Leute sammeln fundierte Informationen, die ich Ihnen zukommen lassen werde. Ich nehme an, dass man Ihre wahre Identität hier nicht kennt und Sie deshalb auch in Hamburg nicht verfolgen wird. Coello könnte aber möglicherweise versuchen, von der Familie Steinberg etwas über Sie zu erfahren."

Charlotte! fuhr es Petersen durch den Kopf. Jetzt ist auch sie in Gefahr. „Ich muss sofort in Hamburg anrufen!"

„Nein mein Lieber, behalten Sie einen kühlen Kopf. Ich sagte Coello und nicht die Mafia. Es ist anzunehmen, dass Coello den Deal mit Steinberg eingefädelt hat und die Organmafia die Zusammenhänge nicht kennt. Der kann es letztlich egal sein, woher Coello seine Opfer besorgt. Coello wird andere Leute auf Sie ansetzen. Er wird davon ausgehen, dass Sie noch in Rio sind und den Internationalen Flughafen überwachen lassen. Erst nachdem er sicher ist, dass Sie das Land verlassen haben, wird er seine Verbindungen nach Deutschland einsetzen – wenn er überhaupt welche hat. Aber vorher haben wir ihn hoffentlich kaltgestellt."

„Ja, und wie soll ich denn das Land verlassen, wenn der Flughafen überwacht wird?"

Cabral erklärte ihm seinen Plan. Dann rief er bei der VARIG, der brasilianischen Fluglinie, an und buchte den Rückflug ab Rio nach Frankfurt für Mr. Petersen am Freitagvormittag, also übermorgen. Danach brachte sie der Wagen zum Aeroporto Santos Dumont, Rios Stadtflughafen.

Es war 22.30 Uhr. Dr. Barthels war hundemüde. Er wollte aber die Klinik nicht vor Ablauf 24-Stundenfrist verlassen oder etwas unternehmen. Als er kurz vor dem Einnicken war, schreckte ihn das Summen des Faxgerätes auf. Dr. Barthels sprang auf und zog das Blatt aus dem Gerät.

Dr. Barthels persönlich. Eintreffe Zürich mit wichtigen Informationen voraussichtlich Freitag. Bitte weiterhin keinen Nachforschungen durch die Polizei. Melde mich in den nächsten Stunden telefonisch bei C.

G.P.

Hm, das ist mager. Kein Wort von Roland. Ist so ein Fax über-haupt ein Lebenszeichen? Aber Petersen will sich ja noch telefonisch melden. Er rief Charlotte an.

„Du erhältst in den nächsten Stunden einen Anruf von Petersen. Gute Nacht."

„He, Onkel Jens, was ist los? Wann ruft er mich an?"

„Mehr steht nicht im Fax. Er kommt voraussichtlich am Freitag. Ach so, und keine Polizei. Ich verstehe überhaupt nichts mehr. Gute Nacht, Charlotte." Er legte auf.

Charlotte hielt noch einen Moment den Hörer in der Hand und legte dann ziemlich verstört auf. Sie hatte vorhin den Fernseher eingeschaltet, um sich etwas abzulenken. Jetzt starrte sie auf die Mattscheibe, ohne etwas wahrzunehmen. Er lebt, dachte sie, aber es war nur eine emotionslose Feststellung. Was hatte Onkel Jens nur?

Hat er nicht alles gesagt, was im Fax gestanden hat? Ich muss wach bleiben und auf Peters Erklärung warten. Sie stand auf, um sich einen Drink zu holen. Mit dem Glas in der Hand lief sie unruhig auf und ab.

Frau Köster kam herein. „Ist alles in Ordnung, Frau Steinberg?"

„Ja, gehen Sie ruhig schlafen."

Charlotte hatte Frau Köster gebeten, die nächsten zwei Tage hier im Haus zu übernachten. Das kam auch sonst hin und wieder vor, wenn Roland verreiste und sie in dem großen Haus nicht gerne allein sein wollte. Es wären besser drei Frauen im Haus, als nur sie und Rita, hatte Roland gesagt. Das Haus war außerdem alarmgesichert, mit direkter Leitung zu einem Wachdienst – nur Charlotte hatte ein paar Mal vergessen, die Anlage einzuschalten. Mit Frau Köster fühlte sie sich aber sicher.

Charlotte zwang sich, das Fernsehprogramm zu verfolgen, aber immer wieder lenkten ihre Gedanken sie vom konzentrierten Zuschauen ab. Das Läuten des Telefons, obwohl sehnlichst erwartet, fuhr ihr als ein gewaltiger Schreck in die

Glieder. Sie starrte den Apparat an und war für einige Sekunden unfähig, den Hörer abzuheben.

„Charlotte? Sind Sie es?" Das sphärische Rauschen eines Überseegespräches begleitete Petersens Stimme.

„Peter?"

„Haben Sie ... du mein Fax bekommen?"

„Nein." Charlotte war völlig verwirrt.

„Aber Mister Cabral ... sorry, es müsste doch raus sein!"

Charlotte riss sich zusammen. „Ja doch, Dr. Barthels hat es erhalten. Wie geht es Dir? Wo bist du? Wann kommst du?"

„Ich bin unterwegs. Dieser Anruf soll nur ein Beweis sein, dass ich gesund bin. Bitte unternehmt weiterhin nichts. Ich melde mich wieder, sobald wie möglich. Tschüss Charlotte."

„Peter! Hallo! Hallo!" Aber Petersen hatte schon aufgelegt.

Charlotte war jetzt hellwach. Sie atmete tief durch und nahm einen kräftigen Schluck ihres Drinks. Erst jetzt kam ihr richtig zu Bewusstsein, dass sie mit Peter gesprochen hatte. Er war gesund und auf dem Weg. Sie stutzte. Er war auf dem Weg - wohin? Nach Hamburg? Das hatte er nicht gesagt. Wohin denn sonst, beruhigte sie sich. Onkel Jens hatte gesagt, dass er am Freitag kommt. Sie sah auf die Uhr: Es war gleich zwei Uhr früh, Donnerstag. Also morgen!

Zwei Stunden nach der Buchung des Rückfluges für Petersen erfuhr Janio Coello von dem Termin. Na also, rieb er sich die Hände, dann kriegen wir ihn. Zeit genug, alles vorzubereiten. Wenn das Killerkommando ihn früher erwischt, macht das auch nichts. Interessant wäre allerdings zu wissen, was er in der Zwischenzeit macht und wo er sich aufhält. Und wer ihm hilft – denn Coello war inzwischen davon überzeugt, dass der Mann Helfer haben musste. Aber das werden wir schon aus ihm herausbekommen. Davon wird dann sein weiteres Schicksal abhängen. Coello sah auf die Uhr. Zeit zum Abendessen und anschließenden Besuch der Bar Luiz, seiner Lieblingsbar. Er griff nach seinem Hut und verließ seine Wohnung. Durch verschiedene Gänge und über Treppen erreichte er die Straße. Wer ihn jetzt aus der Haustür treten sah, musste annehmen, dass er aus dem Hauseingang zu seiner Wohnung kam. Die lag aber drei Straßen weiter.

Von Rios Stadtflughafen brauchte man nur ungefähr 35 Minuten bis zum Flughafen Congonhas in São Paulo. Petersen saß in dem Cityjet und sah unter sich die Lichter der Stadt und der Küstenstraßen versinken. Er hoffte, dass Cartelo Cabrals Plan ihn sicher außer Landes zu bringen, auch funktionieren würde. Sie hatten sich herzlich voneinander verabschiedet – sie waren echte Freunde geworden. Cartelo hatte ihn noch reichlich mit Geld ausgestattet, und Petersen wusste nicht, wie er ihm danken sollte.

„Wenn alles vorbei ist, besuchen Sie uns mal für eine längere Zeit, amigo, das wäre für Yvonne und mich die größte Freude. Kommen Sie zum carnaval, das ist eine herzliche Einladung."

„Bis dahin muss ich noch fleißig Portugiesisch lernen, wie heißt eigentlich ,Danke' in Ihrer Sprache?"

„Obrigado", lachte Cartelo, „das sage ich Ihnen aber nur für einen späteren Gebrauch. Jetzt sage ich adeos. Leben Sie wohl, amigo!"

Nach der Landung in São Paulo – es war ja ein Inlandsflug, und es gab keine Passkontrolle – stieg Petersen in einem einfachen Hotel direkt am aeroporto ab. Sein Gepäck hatte er am Flughafen gelassen. Es war schon verrückt, was Cartelo sich da ausgedacht hatte. Ab São Paulo gab es keine direkten Transatlantikflüge. Alle Flüge nach Europa gehen nur vom Internationalen Flughafen Rio. Aber, und das wusste Cartelo, ab São Paulo–Congonhas wurden bereits Transatlantikmaschinen eingesetzt, die nach einer Zwischenlandung in Rio direkt nach Europa weiterflogen. Cartelo Cabral hatte einen Flug ausgesucht, der morgen früh um zehn ab São Paulo ging und ab Rio dann direkt nach Zürich. Die Passabfertigung würde bereits in São Paulo erfolgen und die Fluggäste brauchten das Flugzeug in Rio nicht mehr zu verlassen. Coellos Leute hätten somit keine Chance, Petersen am Flughafen in Rio abzufangen. Nun war er erst einmal raus aus Rio, das war für ihn lebenswichtig. Cartelo war sich sicher, dass man ihn hier in São Paulo kaum vermuten würde. Die Stadt, die größte Brasiliens, schien ein gewaltiger, alles verschlingender Moloch zu sein – jedenfalls hatte Petersen den Eindruck, als er beim Anflug auf Congonhas aus dem Fenster sah. Eine Stadt zum Untertauchen. V0on seinem Zimmer aus rief er Charlotte an. Cartelo hatte versprochen, noch rechtzeitig innerhalb der 24-Stunden-Frist, ein Fax nach Hamburg zu schicken und seinen Anruf zu avisieren. Während er die ellenlangen Vorwahlnummern eintippte, begann sein Herz immer schneller zu klopfen. Charlotte machte einen benommenen, etwas verwirrten Eindruck. Eingedenk der Warnung Cartelos – keine Orts-, keine präzisen Zeitangaben, Anruf nur als Lebenszeichen – fasste er sich kurz. Etwas enttäuscht über Charlottes Verhalten, legte er auf. Er war plötzlich hundemüde.

Charlotte war gar nicht erst zu Bett gegangen. Sie schlief im Sessel ein, immer wieder aufgeschreckt durch wirre Träume. Das graue Licht des Novembermorgens versuchte, durch die regennassen Fensterscheiben in das Zimmer zu dringen. Ein Kaffeeduft stieg ihr in die Nase. Mit einem halb geöffneten Auge blinzelte sie Frau Köster an, die, unbeeindruckt von

Charlottes bisheriger Essenverweigerung, wieder mit einem Frühstückstablett vor ihr stand. Und Charlotte verspürte plötzlich Hunger. Sie dehnte sich, öffnete die Augen und sah vor sich das appetitlich angerichtete Frühstück. Dankbar blickte sie Frau Köster an. Die lächelte zufrieden zurück und ging, noch „Guten Appetit" wünschend, aus dem Zimmer.

Das Telefon läutete. Nicht mehr so hastig wie sonst nahm sie den Hörer.

„Ja, Steinberg?"

„Guten Morgen Charlie, hat er sich gemeldet?"

„Herr Petersen hat sich gemeldet, ja." Sie sprach mit vollem Mund. Und es klang irgendwie trotzig.

„Und?"

„Er ist unterwegs. Keine Polizei, bis er in Sicherheit ist."

„Ist er denn noch nicht in Sicherheit? Hat er das gesagt?"

„Nein, das ist meine Interpretation. Sonst wäre diese Anweisung doch überflüssig."

„Vielleicht bezieht sich diese Maßnahme auf Roberts Sicherheit. Hat er ihn erwähnt?"

„Nein", sagte sie knapp und hart.

„Also müssen wir weiter abwarten. Und hoffen."

Flugnummer VR 1012 von São Paulo über Rio de Janeiro nach Zürich wurde zum letzten Mal aufgerufen. Petersen hatte Glück. Sein offenes Rückflugticket wurde ohne Zuschlag akzeptiert. Die Passkontrolle verlief zügig und ohne Probleme. „Origano", verwendete er erstmals seine neu erworbenen Sprachkenntnisse, als ihm die Beamtin seinen Pass zurückgab. Er wunderte sich nur, weil sie ihn etwas belustigt ansah. Erst später lernte er, dass es auch eine weibliche Form für danke gab, die origana hieß.

Etwas unbehaglich verfolgte er die Landung in Rio. Zunächst nahm ihm aber der Blick auf die berühmte Christusstatue, die der Jumbo ziemlich niedrig überflog, gefangen. Er hatte in diesen wenigen Tagen so viel erlebt, aber sicher so wenig von diesem wunderschönen Land gesehen. Ich werde wiederkommen, sagte er zu sich, als der Flieger aufsetzte. Die Boeing rollte zu ihrer Parkposition, und der „Finger", wie die Passagierbrücke im Fachjargon heißt, dockte an. Der Jumbo war höchstens zu einem Drittel besetzt, nun aber stürmten die Zusteiger aus Rio in die Kabine. Misstrauisch musterte Petersen die Leute, die neben ihm Platz nahmen. Es waren zwei Männer, Geschäftsreisende offenbar, die sich sofort in die von den Stewardessen verteilten Zeitungen vertieften. Der Mann neben ihm las die Financial Times, hatte aber auch noch die Neue Züricher Zeitung auf dem Schoß. Ein Schweizer also, registrierte Petersen erleichtert – keine Gefahr. Der Jumbo rollte zum Abflugpunkt, während die Kabinen-Crew noch schnell ihre etwas komisch aussehenden Freiübungen vorführte, mit denen sie die Bedienung der Rettungsgeräte demonstrierte. Kaum jemand schenkte ihnen die gebührende Aufmerksamkeit. Wenige Minuten später ließen die aufbrüllenden Turbinentriebwerke den Vogel erzittern, und mit zunehmender Geschwindigkeit strecke er seine Nase himmelwärts. Eine unendliche, in ihrer Schwere gar nicht so wahrgenommene Last fiel von Petersen ab, blieb gleichsam auf dem Boden von Rio zurück.

Bis jetzt keine Spur von diesem verdammten Petersen, keine Spur von seinen möglichen Helfern. Coello war nervös. Nur die Aussicht, den Burschen morgen am aeroporto zu schnappen, beruhigte ihn etwas.

Die Gesundheitsbehörde hatte, wie in solchen Fällen üblich, die Sterbeurkunde, den Polizeibericht über den Todesfall und die pathologischen Beweisstücke per Boten dem deutschen Konsulat übergeben. Auch eine verplombte Urne mit der Asche des „Verstorbenen" und ein Zertifikat des städtischen Krematoriums waren dorthin unterwegs. Wahrscheinlich wird das Konsulat noch heute die Behörden in Deutschland unterrichten, überlegte Coello. Die Dokumente werden wohl morgen mit dem Flieger nach Deutschland gehen – anstelle von diesem Petersen. Lamente muito, amigo pobre, es war nicht meine Schuld, armer Freund. Der Scheck für seine Lieferung war fällig. Ich sollte jetzt eigentlich aufhören damit, überlegte er. Ein einfaches Aussteigen aus der Organisation, wie sich dieser Mafiaarm sinnigerweise nannte, war nicht möglich. Er müsste sich da schon etwas einfallen lassen, um ungeschoren davonzukommen. Das Telefon läutete.

„Hier ist das Hotel Centro do Lapas. Senhor, die Polizei ist hier und holt alle Sachen des Senhor Steinberg ab. Ist das in Ordnung?" Die Stimme gehörte der Manager-Assistentin.

„Ja, das ist in Ordnung. Aber woher, zum Teufel, haben Sie meine Telefonnummer?"

„Von Senhor Ferreira, Senhor. Er sagte uns, Sie seien für alles zuständig. Auch für die Bezahlung."

Augenblicklich stieg bei Coello der Blutdruck in gefährliche Höhen. „Ist Ferreira bei Ihnen?!" brüllte Coello ins Telefon. „Geben Sie ihn mir sofort an den Apparat!"

„Nein, Senhor Coello, er hatte uns gestern eine Notiz hinterlassen. Wohin darf ich die Rechnung schicken?"

„Ich melde mich wieder." Coello knallte den Hörer auf den Apparat. Eine Notiz! Mit meiner Telefonnummer, die höchstens zehn ausgesuchte Leute in Rio kennen! Der Kerl muss von allen guten Geistern verlassen worden sein! Vor Wut zitternd, wähle er Ferreiras Nummer. Keine Antwort! Na, der kann was erleben! Er griff nach seinem Hut und rannte auf die Straße. Diesmal auf dem direkten Weg.

Flug VR 1012 näherte sich dem Äquator. Petersen quetschte sich entschuldigend an seinen Sitznachbarn vorbei in den Gang. Er musste sich die Beine vertreten. Mit ihm hatten noch mehrere Passagiere das gleiche Bedürfnis. Es herrschte ein ziemliches Gedränge. Er ging zur Toilette. Danach balancierte er über ausgestreckte Beine, herumliegenden Schuhen, Einkaufstüten und leeren Getränkedosen weiter nach vorn. Er sah das Leuchttransparent „Zur Bar" und stieg neugierig die Wendeltreppe nach oben. Am Tresen saßen ein paar Passagiere und – er wäre vor Schreck fast rückwärts die Treppe hinuntergestürzt – Pedro Ferreira! Der hatte ihn sofort gesehen und winkte im lächelnd zu.

„Kommen Sie Mister Petersen, ich lade Sie ein!"

Es ist aus, dachte Petersen, die haben mich. Weglaufen, war sein nächster Gedanke. Im Flugzeug? Wo ist die Notbremse? Lächerlich.

Ferreira war aufgestanden und streckte ihm seine Hand entgegen. „Kommen Sie", sagte er noch mal, „es ist nicht so, wie Sie denken. Es ist alles in bester Ordnung. Herzliche Grüße von Senhor Cabral. Ich arbeite für ihn."

Petersen versuchte zu begreifen. „Sie arbeiten für Cartelo? Das kann ich nicht glauben. Was machen Sie hier?"

„Ich trinke einen ausgezeichneten Cognac, Mister Peter-sen. Ich sagte schon, ich lade Sie ein." Er setzte sich wieder und wies auf den leeren Hocker neben sich. „Nun kommen Sie, ich erkläre Ihnen alles."

Petersen setzte sich zögernd. Der erste Schreck hatte nachgelassen. Einen Cognac könnte er jetzt gut vertragen. Die Stewardess hinter der Bar hatte ihm schon den Drink hinge-schoben. Ein kräftiger Schluck brachte ihn wieder ins Gleich-gewicht.

„Nun, geht's besser?" lächelte Ferreira. Und als Petersen nickte, begann er zu erzählen. Er war schon lange für Cartelo Cabral und eine Gruppe Gleichgesinnter tätig, die mit inoffi-zieller Unterstützung der Regierung an der Verfolgung und Aufklärung des Organhandels und der damit zusammenhän-genden Morde, vor allem an Jugendlichen aus den favelas, den Elendsvierteln von Rio, arbeiten. Ihm war es gelungen, das Vertrauen von Janio Coello zu gewinnen, und damit war es erstmals möglich, Einblick in die Struktur der Bande zu be-kommen. Jetzt habe man endlich ausreichendes Material, um die Leute hochgehen zu lassen. Leider konnte er nicht verhin-dern, dass sie den Dr. Steinberg irrtümlicherweise mitgenom-men haben. Während seiner konspirierenden Tätigkeit war fast unmöglich und auch viel zu riskant, Informationen an Cabral und ihn, Petersen, zu liefern. Erst mit seinem heimlichen Absetzen konnte er noch die letzten Erkenntnisse an Cabral übergeben, der ihn sofort beauftragte, Petersen bereits ab São Paulo zu begleiten, bis er endgültig in Sicherheit war. Der deutschen Polizei, die sich bestimmt näher mit dem Tod von Dr. Steinberg befassen werde, weil dort ja schon eine Nachfrage über dessen Verbleib vorlag, wird er sich als Zeuge zur Verfügung stellen.

Petersen war erleichtert und enttäuscht. Er hatte sich im Stillen schon gewundert über Cartelo Cabrals Engagement in dieser Angelegenheit. Cabral hatte ihn also nur benutzt, um sein – immerhin höchst anerkennenswertes – Ziel zu erreichen. Aber musste das eine sich entwickelnde Freundschaft ausschließen? Ferreira schien seine Gedanken erraten zu haben. „Mister Cabral lässt Sie auf das Herzlichste grüßen, und er bedauert sehr, dass er Sie nicht früher einweihen konnte. Es war nicht vorauszusehen, wie Sie reagieren würden und wir alle wären möglicherweise in große Gefahr geraten wären. Er fühlte sich, auch aus persönlichen Gründen, voll für Ihre Sicherheit verantwortlich.

Petersen hatte nachdenklich auf sein Glas gestiert. Jetzt blickte er auf. „Ich bin Ihnen allen sehr dankbar, Mister Ferreira. Und ich bin erleichtert, dass es nun gelingen wird, die Verbrecherorganisation unschädlich zu machen. Aber eine Frage habe ich noch: Hatten Cartelo und Yvonne schon etwas gewusst, als sie sich in Frankfurt im Flieger zu mir setzten?"

„Nein, absolut nichts. Es war einfach ein überaus glücklicher Zufall, der Sie zusammenführte."

„Für mich war es sicher noch viel mehr." Petersen hob sein Glas. „Ich will es mir nicht ausmalen, wie es mir ohne die Cabrals in Rio ergangen wäre."

Es war nur noch der Nachtdienst da, als sich im Hamburger Polizeipräsidium die Nachricht des Auswärtigen Amtes über den Tod des Dr. Roland Steinberg, letzte Wohnanschrift Parkweg 2 in 20144 Hamburg, aus dem Faxgerät schob. Verstorben am 7. November dieses Jahres in Rio de Janeiro, Brasilien, an einer Vergiftung. Amtliche Bestätigung und Identitätsnachweis folgen auf dem Luftwege.

Der Leitende Diensthabende, Hauptkommissar Nielsen, las stirnrunzelnd die Nachricht. Er tippte Name und Adresse zur Kontrolle in den Computer. „Verheiratet" brummelte er, „aber keine Kinder. Wen schicke ich nun los, der die Nachricht der Witwe überbringt?" Carstensen war wohl der erfahrenste Mann. Er ging in das Büro nebenan.

„Carstensen, dein verständnisvoller Typ ist gefragt." Er hielt ihm das Fax entgegen.

„O nein, immer ich. Kann das nicht Bauer machen?"

„Es ist zwei Uhr nachts. Bauer ist mir zu polterig. Und

dies ist schließlich eine diplomatische Angelegenheit, sieh dir mal den Absender an. Dafür bist du der richtige Mann", schmeichelte Nielsen ihm. „Wer von den Frauen ist noch da? Elke? Gut, nimm sie mit. Oft lassen sich solche Dinge von Frau zu Frau besser erledigen."

Polizei-Hauptwachtmeisterin Elke Pohlmann brauchte nicht besonders einzugreifen. Sie stand mit ihrem Kollegen Carstensen in der Halle der Steinbergschen Villa einer blassen, aber beherrschten Frau gegenüber.

„Nein", schüttelte Charlotte den Kopf, „das muss ein Irrtum sein". Sie wusste doch, dass Petersen lebte – sie kam gar nicht auf die Idee, dass die Todesnachricht tatsächlich Roland betreffen konnte.

„Nein", sagte sie nochmals, „ich habe doch vor …" sie blickte hilflos auf die große Standuhr in der Halle, „… vor … mit ihm …"

Sie brach ab.

„Hatten Sie noch vor kurzem Kontakt mit Ihrem Mann?" fragte Carstensen. „Er starb bereits am Dienstag."

„In Rio de Janeiro. Und heute haben wir Freitag", fügte Elke Pohlmann hinzu.

„Heute ist Freitag?" Heute ist Freitag! Blitzartig fiel ihr ein: Heute kommt Peter! Er kann doch nicht tot sein!

„Ja, Frau Steinberg. Wie fühlen Sie sich? Sind Sie allein im Haus? Sollen wir jemanden benachrichtigen? Carstensen fragte routinemäßig.

Frau Köster kam im langen Morgenrock die Treppe hinunter.

Was ist passiert?" rief sie noch auf halben Weg. „Ist etwas mit Herrn Doktor?"

„Das ist Frau Köster, meine Haushälterin", sagte Charlotte ruhig, als sie die fragenden Blicke der Polizisten sah. „Sie kümmert sich um mich." Und zu Frau Köster gewandt: „Ja, mein Mann soll ... ist tot."

„O Gott, o Gott – kommen Sie, Frau Steinberg."

Frau Köster legte ihren Arm um Charlotte und führte sie ins Wohnzimmer. Die Polizisten blieben in der Halle stehen und sahen sich etwas ratlos an.

„Sollen wir Ihnen noch einen Arzt schicken?!" rief Carstensen hinterher.

„Mach ich schon", kam es von Frau Köster zurück.

Die beiden Beamten setzten erleichtert ihr Dienstmützen auf und verließen das Haus.

„Charlotte ließ sich in den Sessel fallen. Ich muss Onkel Jens anrufen, war ihr nächster Gedanke. Sie sah Frau Kösters besorgtes Gesicht über sich.

„Frau Köster, machen Sie mir bitte einen Mokka, ja? Und geben Sie mir bitte das Telefon, ich will Dr. Barthels anrufen."

Leise vor sich hinmurmelnd verließ die Haushälterin, rückwärts-gehend das Zimmer. Charlotte tippte auf die Nummerntasten des Telefons.

„Es ist ... drei Uhr früh. Was gibt's?" grummelte es aus dem Hörer.

„Onkel Jens! Peter ist tot! Oder Roland! Die Polizei war eben hier."

„Wer denn nun? Ich verstehe nicht!" Für ihn als Arzt war eine Todesmeldung nicht besonders aufregend. Doch im nächsten Moment wurde er wach und registrierte, dass es Charlotte war, die zu ihm sprach.

„Entschuldigung Charlotte, ich komme sofort."

Es dauerte keine zwanzig Minuten, bis Dr. Barthels die Villa betrat. Frau Köster dirigierte ihn ins Wohnzimmer.

„Charlie, wie geht es dir, bist Du in Ordnung? Nun erzähl mal, was passiert ist."

Charlotte berichtete verhältnismäßig ruhig, was sie wusste. Die Todesnachricht betraf also Roland. Aber war nicht dieser Petersen Roland? Doch der hatte sich ja vor gut 24 Stunden lebendig bei Charlotte gemeldet. Wenn er danach gestorben wäre, würde auf dem Behördenweg sicher noch keine Nachricht in Hamburg angekommen sein. Somit konnte es nur Roland betreffen. Von ihm selber hatten sie seit seiner Abreise nichts gehört. Man hat ihn also umgebracht. Wer? Petersen natürlich, der wusste von Rolands Plan, Charlotte hatte ihn ja eingeweiht!

„Es ist Roland", sagte Dr. Barthels laut, Roland wurde umgebracht. Petersen lebt. Wir müssen Hilger, die Kriminalpolizei verständigen."

„Aber die Polizei war doch hier. Und Herr Petersen hat doch gesagt, keine Polizei, bevor er sich gemeldet hat."

„Es war die Polizei, nicht die Kripo. Petersen hat sicher seine Gründe, dass wir nicht die Polizei einschalten. Er kommt angeblich heute in Zürich an. Warum in Zürich und nicht in Frankfurt? Hilger muss sich mit der Züricher Kripo in Verbindung setzen, damit man ihn dort sofort festsetzt."

„Onkel Jens!!! Was glaubst du? Das ist doch total verrückt, was du sagst! Das werde ich nicht zulassen!"

Charlotte war empört. Aber Dr. Barthels blieb kühl.

„Charlotte! Wie weit steckst du in dieser Geschichte drin? Kann es sein, dass alles ganz anders ist, als du mir erzählt hast? Sag die Wahrheit, nur dann kann ich dir helfen!"

Mit fassungslosem Staunen hatte Charlotte zugehört. Jetzt geriet sie außer sich.

„Mach das du rauskommst!" schrie sie. „Wie kannst du auch nur im entferntesten so etwas von mir denken? Geh, ich will dich nicht mehr sehen!"

Airport Zürich-Klothen. Petersen verließ die Maschine und marschierte mit den anderen Transitpassagieren in den Warteraum. Der Anschlussflug nach Hamburg sollte erst in anderthalb Stunden gehen. So konnte er sich vorher noch einmal bei Charlotte melden. Er wusste nicht, ob es richtig war, direkt zu ihr zu fahren. Aber er brauchte ja seine Wohnungsschlüssel, die in der Villa sein müssten.

Ferreira folgte ihm in weitem Abstand. Er wollte nicht, dass sie gemeinsam gesehen wurden. Erst in Hamburg sollte Petersen wieder Verbindung mit ihm aufnehmen. Er wird dort im Hotel „Reichshof" absteigen.

Petersen kaufte eine Telefonkarte und ging zu den Fernsprech-boxen. Nach dem zweiten Läutesignal meldete sich Charlotte. Ihre Stimme klang fremd.

„Charlotte, geht es dir nicht gut? Ist etwas passiert?"

„Roland ist tot. Wo bist du?"

„In Zürich. In einer Stunde fliege ich weiter nach Hamburg." Er kommt nach Hamburg. Also fürchtete er sich auch nicht vor der Polizei. Ich wusste es. Aber ich muss ihn warnen.

„Peter, die Polizei war hier. Möglicherweise verdächtigt man dich – uns, mit Rolands Tod etwas zu tun zu haben. Sag, dass es nicht stimmt!"

„Charlotte! Um Gotteswillen, wer denkt so was? Nein, nein, es war eine tragische Verwechslung."

„Dr. Barthels und sein Freund, dieser Kripomann, die konstruieren da was. Es ist alles so kompliziert. Die wollen veranlassen, dass du in Zürich festgesetzt wirst."

„Aber warum denn? Ich komme doch nach Hamburg. Ich bin im Transitbereich, also keine Passkontrolle hier. Gegen 15 Uhr bin ich in Fuhlsbüttel. Ich komme dann direkt zu dir, ja?"

„Ich hole dich am Flughafen ab. Bitte sei vorsichtig. Auf Wiedersehen, Peter."

Petersen war besorgt. Wie konnte es nur zu solch einem absurden Verdacht kommen? Er ging zurück in den Warteraum. Im Vorbeigehen machte er Ferreira ein Zeichen, dass er ihn sprechen müsse und verschwand durch die Toilettentür. Ferreira erschien zwei Minuten später. Petersen informierte ihn kurz, was er soeben erfahren hatte. Ferreira schien nicht überrascht.

„Damit hätten Sie rechnen müssen. Aber bleiben Sie ruhig. Ich bin Ihr Zeuge."

Petersen wollte die Zeit bis zum Abflug nach Hamburg nutzen und ging zu Friseur. Ein neuer, moderner Haarschnitt gab ihm ein jugendliches, sympathisch verändertes Aussehen.

Nach dem Gespräch mit Petersen war Charlotte erleichtert. Das ist doch der beste Beweis an seiner – unserer – Unschuld an Rolands Tod. Immer noch böse auf Onkel Jens, rief sie in der Klinik an. Er war irgendwo auf der Station und konnte nicht ans Telefon kommen. Kurz entschlossen griff sie nach Strickmütze und Mantel und ging durch den Küchenausgang zur Garage. Sie setzte sich in ihren Audi und fuhr zur Klinik. Es dauerte lange, ehe Dr. Barthels in seinem Arbeitszimmer auftauchte.

„Ich erwarte deine Entschuldigung, Onkel Jens." Sie blickte ihn herausfordernd an.

„Charlotte, du hast mich rausgeworfen. Was hat sich geändert?"

„Peter ... sen hat angerufen. Er wird gegen 15 Uhr in Hamburg landen. Damit sind deine ganzen bösen Verdächtigungen hinfällig. Hast du schon mit deinem Kripomann gesprochen?"

„Ja. Bernd Hilger hat noch keine Handhabe, um in Zürich etwas unternehmen zu können. Hast du ihn gewarnt?"

„Fang nicht schon wieder an! Natürlich habe ich ihm gesagt, was du für einen Verdacht geäußert hast. Er fand es einfach grotesk."

„Ich denke, wir sprechen noch einmal mit Bernd Hilger.

Er ist involviert und wird dich sowieso nicht in Ruhe lassen, bevor Todesursache und –umstände von Roland nicht eindeutig sind. Am besten, wir fahren gleich einmal hin."

„Einverstanden. Und wo bleibt deine Entschuldigung?"

„Es tut mir leid, Charlotte." Sehr überzeugend klang es nicht.

Rita war wieder im Steinbergschen Haus. Von Frau Köster erfuhr sie, was passiert ist.

„Dr. Steinberg ist tot? Nicht der andere Mann?"

"Wieso?" fragte Frau Köster verständnislos. Sie hatte Petersen nie zu Gesicht bekommen.

Rita merkte, dass sie sich verplappert hatte. „Schon gut, schon gut. Wo ist Frau Steinberg?"

„Sie wollte zu Dr. Barthels und dann zum Flughafen."

„Will Frau Steinberg verreisen?"

„Nein, davon hat sie nichts gesagt."

Also will sie jemand abholen. Roland? Das geht natürlich nicht. Der muss ja untertauchen. Den Doppelgänger? Dann wäre Roland ja tatsächlich tot. Sie erschrak. Dann ist es ja kein Betrug, wenn Frau Steinberg das Geld von der Versicherung erhält. Dann bin ich raus. Ich habe nichts mehr in der Hand. Rita sah die erträumten Millionen davonschwimmen. Was ist eigentlich mit diesem Doppelgänger? Was hat Frau Steinberg mit diesem Mann zu tun? Irgendetwas läuft da! Augen und Ohren auf, Rita!

Das Päckchen fiel ihr ein. Das Päckchen, das Roland ihr vor seiner Abreise gegeben hatte. Sie wusste nicht, was da drin war, es lag in der Garderobe in ihrem Appartement. Ich kann es erst öffnen, wenn Roland wirklich tot ist. Ich muss noch abwarten. Sie band sich eine Schürze um und machte sich an die Hausarbeit.

Kriminaloberrat war nicht im Präsidium. Er war unterwegs zur Steinbergschen Villa. Der Anruf von Jens Barthels mit der Todesnachricht von Dr. Steinberg und die voraussichtliche Landung dieses Petersen in Zürich waren nicht gerade entlastend für Frau Steinberg. Er wollte noch einmal mit ihr reden. Rita öffnete ihm die Tür. Hilger nannte seinen Namen.

„Nein, Frau Steinberg ist nicht zu Hause."

„Wann wird Frau Steinberg zurück sein?"

„Das weiß ich nicht".

„Können Sie mir denn sagen, wohin Frau Steinberg gefahren ist?"

„Warum sollte ich?"

Hilger zeigte seinen Dienstausweis. „Darum. Darf ich reinkommen?" Im nächsten Moment stand er schon in der

Halle. „Wo ist Frau Steinberg?"

„Soviel ich weiß, zur Klinik von Dr. Barthels. Und zum Flughafen."

„Zum Flughafen?" Bei Hilger schrillten die Alarmglocken. „Will sie etwa verreisen?"

„Ich glaube nicht, sie hat nichts mitgenommen." Und unvermittelt fügte sie hinzu: „Dr. Steinberg soll tot sein, stimmt das? Sind Sie deswegen hier?"

Bernd Hilger hatte sich nach Barthels' Anruf im Präsidium erkundigt und die Bestätigung der Angaben seines Klubkameraden erhalten. „Ermittelt Ihr in der Sache?" fragte der Kollege, „ist etwas nicht in Ordnung?" Hilger hatte abgewinkt, es handele sich um einen entfernten Bekannten.

Er wandte sich wieder Rita zu: „Warum sagen Sie, soll tot sein, haben Sie da irgendwelche Zweifel?"

„Na ja, er war doch noch so gesund, als die beiden Herren am Sonntag zum Flughafen fuhren. Und nun soll er tot sein?" Rita spielte die Ungläubige.

„Wer war denn der andere Herr? War das Herr Petersen?"

„Ich kenne seinen Namen nicht. Kann schon sein."

„War der andere Herr, Herr Petersen, auch so gesund, als mit Dr. Steinberg weggefahren ist?"

Rita stutzte. Was wusste der Mann? Worauf wollte er hinaus? Rita lächelte etwas verkrampft und ging ein paar Schritte Richtung Wohnzimmer.

„Bitte kommen Sie doch erst mal herein, und setzen Sie sich." Sie machte eine einladende Handbewegung. „Darf ich Ihnen etwas anbieten?"

„Danke. Später vielleicht." Der Kriminaloberrat war ihr gefolgt, warf Hut und Mantel auf die Couch und setzte sich. Rita stand etwas unschlüssig herum.

„Ich fragte Sie, ob der andere Mann, der Herr Petersen, auch so einen gesunden Eindruck machte. Setzen Sie sich doch."

Rita setzte sich auf eine Sessellehne und ließ dabei viel von ihren hübschen Beinen sehen. Hilger schien unbeeindruckt.

„Nun?"

„Ich habe nicht darauf geachtet." Im Geiste sah sie Petersen nackend im Bad.

„Der Mann hat doch hier im Haus gewohnt. Sie müssen doch Kontakt mi t ihm gehabt haben. Was machte er für einen Eindruck? Wie haben Sie ihn angesprochen?"

Rita wurde es immer unbehaglicher und Hilger merkte es. „Haben Sie Dr. Steinberg zu ihm gesagt, obwohl Sie wussten, dass er es nicht ist? Und wussten Sie, dass er unter Betäubungsmitteln stand? Haben Sie ihm die verabreicht?" Hilgers

Tonfall war zunehmend schärfer geworden. Er fühlte sich zurückversetzt in die Zeit, als er noch Ermittler im Außendienst war.

Ritas Beherrschung war vorbei. „Ich habe doch nur getan, was Dr. Steinberg mir gesagt hat!" schrie sie.

„Und Frau Steinberg, hat die mitgemacht?"

Rita schluchzte. „Natürlich hat Frau Steinberg mitgemacht. Sie war doch immer um den Mann – Petersen? – herum. Sie hat doch dafür gesorgt, dass das Essen und Trinken präpariert wurde."

„Der letzte Satz passte nicht ganz in Hilgers Schema. „Hat Frau Steinberg oder Dr. Steinberg die Anordnungen getroffen?"

„Dr. Steinberg."

Aha, das passte schon besser. „War Frau Steinberg irgendwie, sagen wir mal besonders nett zu Herrn Petersen?"

Rita witterte eine Chance. „O ja", sagte sie, „sie war doch dauernd um den Mann herum. Sogar nachts war sie in seinem Schlafzimmer."

Da haben wir's. Der Kriminalbeamte fühlte seine Theorie immer mehr bestätigt. „Wussten Sie, was das alles für einen Zweck hatte?"

„Nein", schüttelte Rita den Kopf.

Sie lügt, stellte Hilger fest. „Noch eine Frage: Hatten Sie

ein Verhältnis mit Dr. Steinberg?"

Rita verschlug es fast die Sprache. „Nein", log sie, und dann noch einmal „Nein."

Flughafen Hamburg-Fuhlsbüttel. Die Maschine aus Zürich war gelandet, und die Passagiere drängten sich durch die Passkontrolle und weiter zu den Gepäck Karussells. Eine gläserne Wand trennte sie von der Ankunftshalle, wo die Abholer auf ihre Freunde und Bekannten, auf Angehörige und Geschäftspartner warteten. Petersen sah durch die Scheibe Charlotte. Ein freudiger Schreck durchfuhr ihn. Auch Charlotte hatte ihn gesehen. Heftig winkten sie sich zu. Mit einem Auge das Gepäckband nicht außer Acht lassend, sah er mit dem anderen immer wieder zu ihr hinüber. Endlich kamen „seine" Reisetasche und der Koffer, und rasch schritt er zur Zollkontrolle. „Nein, nichts anzumelden", antworte er auf die Frage des Zöllners, und dann eilte er auf Charlotte zu. Ein älterer Herr stand neben ihr – Polizei? –, aber was machte das schon. Auch Charlotte kam ihm ein paar Schritte entgegen. Dicht voreinander blieben sie stehen. Petersen setzte sein Gepäck ab und nahm Charlottes ausgestreckte Hand in seine beiden Hände.

„Es tut mir Leid um deinen Mann, Charlotte. Aber ich freue mich sehr, dich zu sehen."

„Ich freue mich auch sehr, Peter. Sehr." Der ältere Herr trat hinzu. „Das ist Dr. Barthels, ein guter Freund."

„Guten Tag", lächelte Petersen, ihn offen ansehend. „Sie wollten mich verhaften lassen?"

Nicht unsympathisch, der Mann, stellte Dr. Barthels fest. Und die Ähnlichkeit mit Roland erscheint nur auf den ersten Blick.

„Guten Tag, Herr Petersen, aber die Dinge liegen nun mal so kompliziert. Ich hoffe, Sie können alles stichhaltig erklären."

Sie verließen die Halle, und Dr. Barthels ließ sich sogar dazu herab, Petersen die Reisetasche abzunehmen. Charlotte warf ihm einen dankbaren Blick zu. Draußen vor der Halle pfiff ein frischer, nasskalter Wind. Petersen zog Dr. Steinbergs leichten Kamelhaarmantel fester um die Schultern.

„Ich schalte im Wagen gleich die Heizung ein", sagte Dr. Barthels.

Als sie die Auffahrt zur Steinbergschen Villa hinauffuhren, sahen sie den Wagen von Bernd Hilger.

„Gut, dass er da ist", sagte Charlotte. Sie beugte sich zu Petersen vor, der neben Dr. Barthels saß. „Das ist der Kripomann, ein Freund von Onkel Jens."

„Kriminaloberrat Hilger", brummte Dr. Barthels, „ein Clubkamerad."

Rita hatte den Wagen gehört und war zur Tür gelaufen.

„Schön, dass Sie wieder da sind, Rita, machen Sie gleich mal einen heißen Tee für unsern bibbernden Gast hier," sagte Charlotte. „Mit einem Schuss Rum, denke ich."

Rita erkannte Petersen fast nicht wieder, als er ihr die Hand entgegenstreckte. „Guten Tag, Rita, alles im Griff?" Er blinzelte ihr zu.

„Die Polizei ist da", sagte sie sichtlich erregt.

Bernd Hilger kam ihnen schon entgegen.

„Na, du alter Schnüffler", machte Dr. Barthels ihn an. „Jetzt geht's an die große Aufklärung."

Hilger ging nicht darauf ein und bat die Angekommenen Platz zu nehmen. Die sahen sich etwas betroffen an, folgten aber der Aufforderung.

„Herr Petersen, woher kannten Sie Dr. Steinberg?" Hilger kam gleich zur Sache.

„Ich kannte ihn nicht. Ich hatte seine Brieftasche gefunden und wollte sie hier abgeben."

„Haben Sie sie abgegeben?"

„Ja, ich gab sie Frau Steinberg."

„Damit wäre ihr Besuch doch erledigt gewesen? Warum blieben Sie hier im Haus?"

„Das ist schwer zu verstehen. Ich wurde irgendwie überrumpelt. Man hielt mich offenbar für Dr. Steinberg."

„Erklären Sie das bitte näher."

Petersen erzählte von den Rosen, der Begrüßung durch Frau Steinberg, wie er schließlich im Bad landete und ihn dann die Neugierde, vielleicht auch die Abenteuerlust zu sehen, wie es wohl weitergehen würde. Und von seiner Absicht, den vermeintlichen Irrtum sofort aufzuklären.

„Aber Sie taten es nicht und ließen die Komödie weiter zu."

„Ich erhielt ein Glas Sekt oder Champagner, das irgendwie meine Denkfähigkeit ausschaltete."

„Von wem erhielten Sie das Getränk?"

Aufgepasst, Gerhardt Petersen! „Ich weiß es nicht mehr." Er log jetzt zum ersten Mal.

„Und was geschah dann?"

„Ich erinnere mich schwach, dass mir ein angeblicher Bruder von Dr. Steinberg eine Spritze geben wollte. Ich habe eine lebensgefährliche Allergie gegen Spritzen, und der Schock machte mich gegen die Behandlung im Nachhinein etwas misstrauisch."

„Die Injektion wurde also durchgeführt?"

„Nein, ich erhielt Tabletten." Petersen holte ein Röhrchen aus der Tasche und stellte es vor Hilger hin. Der hob es auf, öffnete es, schnupperte daran und steckte es ein.

„Wann wurden Sie in Ihrem Verdacht bestärkt, dass an Ihnen manipuliert wurde?"

Petersen schilderte, dass der immer wiederkehrende Champagnergeschmack der Tabletten auch in den Speisen und Getränken vorhanden war und er die Einnahme schließlich unbemerkt absetzte, wie Frau Steinberg nachts in sein Schlafzimmer gekommen war, um heimlich das vergiftete Getränk von seinem Nachttisch zu nehmen und wie er schließlich Brille und falschen Bart „seines Bruders" im Bad fand. Er erzählte aber nicht, wie er Charlotte damit kompromittierte. Vielmehr sei Charlotte, pardon, Frau Steinberg zu ihm gekommen und habe ihn über die Pläne ihres Mannes informiert.

„Wie lange kennen Sie Frau Steinberg schon?"

Petersen erkannte sofort den Grund dieser Frage und musste lächeln. „Ich sah Frau Steinberg am Donnerstag voriger Woche zum ersten Mal."

Hilger gab nicht nach. „Was veranlasste Sie, mit Dr. Steinberg nach Rio zu reisen?" fragte er unbewegt.

Raffiniert diese Frage, und schwer zu beantworten, überlegte Petersen. „Ich wollte ihn bei der Ausübung seines verbrecherischen Planes überführen. Wir hatten ja bislang keine Beweise."

„Und dafür waren Sie bereit, sich in Lebensgefahr zu begeben?"

„Die Dimension der Gefährlichkeit war mir nicht bewusst. Außerdem wollte ich Charlotte helfen ..."

„... und ihren Mann umbringen, damit sie an seine hohe Lebensversicherung kommt! Wann hatten Sie beide den Plan hierfür gefasst?"

Charlotte sprang auf. „Unerhört! Diese Unterstellung ist einfach abscheulich! Onkel Jens! Wirf deinen Freund raus! Wir sagen kein Wort mehr. Ich rufe meinen Anwalt an!"

Charlotte war außer sich. Sie lief zum Telefon und wählte mit zitternden Fingern eine Nummer. Petersen trat zu ihr und drückte die Telefongabel herunter.

„Komm Charlotte, das ist noch nicht nötig. Bitte beruhige dich. Ich kann doch alles erklären." Er führte die immer noch vor Empörung Zitternde zurück zu ihrem Platz.

Auch Dr. Barthels hatte sich erhoben. „Bernd, das geht zu weit. Ermittelst du hier eigentlich offiziell, oder soll das deine Hilfe sein, um die wir dich vertraulich gebeten haben?"

„Bitte verstehe Jens, als Polizist bin ich immer im Dienst", versuchte Hilger zu beschwichtigen und fuhr dann fort: "Ich muss zur Kenntnis nehmen, dass bis jetzt von keinem der Beteiligten Anzeige gegen wen und aus welchen Gründen auch immer, erfolgt ist. Aber es besteht ein begründeter Mordverdacht ..."

„… den du oder die Polizei niemals gehabt hätten, wären Frau Steinberg und ich nicht zu dir gekommen. Überlege doch mal: Mit der offiziellen Sterbeurkunde aus Brasilien hätte Charlotte doch genau das Ziel erreicht, das du ihr unterstellst. Was also glaubst du, hätte sie für einen Grund, sich einem solchen Verdacht auszusetzen?"

Hilger erhob sich. Jeder Verbrecher macht mal einen entscheidenden Fehler, dachte er, aber er hütete sich, diese Kriminalweisheit laut auszusprechen.

„Einen Moment bitte Herr Kommissar!" rief Petersen. „Ich komme morgen zu Ihnen und werde Anzeige gegen den brasilianischen Staatsbürger Dr. Janio Coello wegen Mordes an Herrn Dr. Steinberg stellen. Ein Zeuge wird mich begleiten."

Überrascht sah Hilger Petersen an. Er überhörte die Degradierung zum Kommissar und auch die juristisch nicht ganz korrekte Formulierung von Petersens Ankündigung.

„Einen Zeugen?"

„Ja. Wir werden morgen Vormittag in Ihrem Büro sein. Es passt Ihnen hoffentlich. Und jetzt wollen Sie uns bitte entschuldigen."

Hilger griff nach Hut und Mantel. Er musste den höflichen Rauswurf akzeptieren. Mit einer angedeuteten Verbeugung drehte er sich um und ging zur Tür. So oder so wird es doch noch ein Fall, dachte er zufrieden, als er in sein Auto stieg.

Am anderen Morgen brachte ein Expressbote den versiegelten Umschlag mit der Sterbeurkunde der brasilianischen Gesundheitsbehörde. In einem Begleitschreiben drückte der deutsche Konsul in Rio de Janeiro ihr sein Mitgefühl über den Tod ihres Gatten aus. Die Identitätsnachweise und die Urne des Verstorbenen würden an das Polizeipräsidium nach Hamburg geschickt.

Überrascht las Charlotte die beigefügte Übersetzung des Toten-scheins. Als Todesursache stand ‚Freitod durch Schlangengift'. In einer weiteren Erklärung war zu lesen, dass die Art des verwendeten Giftes auf Anordnung des Gesundheitsamtes eine sofortige Einäscherung des Verstorbenen verlangte. Im angefügten Polizeibericht wurde als Zeuge, der den Toten aufgefunden hatte, ein gewisser Pedro Ferreira, mit Angabe dessen Adresse in Rio, genannt.

Charlotte lief nach oben und klopfte an die Tür des Gästezimmers. Petersen schlief noch, kein Wunder nach den Strapazen der letzten Tage. Ein müdes „Ja" drang durch die Tür. Charlotte trat ein.

„Hier Peter, lies mal", sagte sie aufgeregt und reichte Petersen die Papiere.

Petersen setzte sich auf und blickte etwas desorientiert um sich. Dann, als er bemerkte, wo er sich befand, blinzelte er Charlotte an. „Guten Morgen Charlotte", schnaufte er.

Sie setzte sich zu ihm auf die Bettkante und er griff nach den Papieren. „Das ist ja eine ganz neue Variante!" rief er verwundert. „Selbstmord! Das haben die sich ja fein ausgedacht." Und als er den Namen des angeführten Zeugen las, war er hellwach und sprang aus dem Bett. „Ich muss sofort telefonieren!" Sich den blauseidenen Morgenmantel des verblichenen Dr. Steinberg überwerfend, stürmte er nach unten. Charlotte lief hinterher. Im Arbeitszimmer wählte er die Nummer des Hotels „Reichshof" und verlangte eine Verbindung mit Mr. Ferreira. Pedro war sofort am Apparat,

„Ich muss Sie sprechen, Mister Ferreira. Kommen Sie bitte sofort hierher!"

„Sie sollten doch erst Verbindung mit mir aufnehmen, wenn es Probleme gibt!"

„Es gibt Probleme!" Petersen legte auf.

„War das dein Zeuge, von dem du gestern sprachst?" fragte Charlotte.

„Ja", sagte er und nahm sie in den Arm. Sie waren sich innerlich sehr nahe, hatten aber bisher nach außen hin die Distanz gewahrt. Jetzt sahen sie sich tief in die Augen. Rita trat durch die offene Tür ins Zimmer. Erschrocken fuhren sie auseinander.

„Verzeihung, ich wollte nur fragen, ob Herr Doktor ... ich meine Herr Petersen, Tee oder Kaffee zum Frühstück wünscht." Rita war sichtlich verlegen.

„Kaffee bitte", sagte Petersen, „Kaffee, aber ohne alles." Dieser kleine Seitenhieb war nötig.

Knapp eine Stunde später stand Ferreira vor der Tür. Er schien einen gewaltigen Eindruck auf Rita zu machen. Sie strahlte ihn an und schien gar nicht seinen in Englisch vorgetragenen Wunsch zu hören, Mister Petersen sprechen zu wollen. Aber der kam ihm schon entgegen und führte ihn in das große Wohnzimmer. Er stellte ihn Charlotte vor und Ferreira begrüßte sie formvollendet mit einem Handkuss. Er sprach ihr sein Mitgefühl für den Tod ihres Mannes aus und sein unendliches Bedauern, dass er das nicht hatte verhindern können. Charlotte dankte und bat ihn, Platz zu nehmen.

„Lesen Sie das bitte", sagte Petersen und reichte ihm die Dokumente aus Rio.

Ferreira vertiefte sich in die Papiere. Er schien von dem Inhalt nicht überrascht zu sein.

„Janio Coello hat diese Dokumente schon vor meiner Abreise aus Rio anfertigen lassen. Inzwischen wird er bestimmt gemerkt haben, dass ich verschwunden bin. In welchen Zusammenhang er das bringt, kann man nur vermuten.

Einerseits könnte ihn das befriedigen, dass ich nun ein unauffindbarer Zeuge bin, zum anderen macht ihn das sicher auch nervös. Ich erwarte heute Nachmittag im Hotel ein Fax von Senhor Cabral mit einem Situationsbericht. Wie verhält sich eigentlich die Polizei Ihnen gegenüber?"

„Wir wurden gestern gleich nach der Ankunft von einem Kriminalbeamten erwartet. Er ermittelt jedoch noch nicht offiziell. Aber er verdächtigt uns –" er machte eine Handbewegung zu Charlotte, „dass Dr. Steinberg Opfer unserer Komplizenschaft geworden ist. Ich habe angekündigt, dass wir nachher gemeinsam zum Präsidium fahren und wo Sie, Mister Ferreira, uns hoffentlich entlasten können."

„Sicher. Aber wir wollen ja mehr, nämlich dass die deutsche Polizei offiziell in Rio interveniert, dort Ermittlungen gegen Coello und die Organmafia einzuleiten. Und das möglichst schnell."

„Gut." Petersen rief Kriminaloberrat Hilger an und avisierte ihr Kommen in den nächsten 40 Minuten.

Hilger studierte den aus Rio eingegangenen Polizeibericht, den er sich aus dem zuständigen Ressort hatte kommen lassen. Nachdenklich blieb sein Blick an der beschriebenen Todesursache des Dr. Steinberg hängen. Freitod, überlegte er, da wird es schwierig, einen Mord nachzuweisen. Dieser Pedro

Ferreira, der hier als Zeuge angeführt ist, ist für uns ja unerreichbar. Und wenn diese ganze Angelegenheit wirklich einen mafiösen Hintergrund hat und nicht ein Komplott des Paares Steinberg/Petersen ist, kann ich die noch gar nicht geöffnete Akte wieder schließen. Die schöne Witwe wird um ein paar Milliönchen reicher, und die Mafia – er unterbrach seinen Gedankengang und schwenkte in eine neue Richtung: Diese Millionen müssten doch auch die Mafia locken?! Dann wäre Frau Steinberg ja in Gefahr! Also hier herrscht dringend Klärungsbedarf.

Das Telefon läutete. Es war Petersen, der seinen Besuch ankündigte. Eine dreiviertel Stunde später meldete der Pförtner, dass drei Personen – er nannte die Namen – zu ihm wollten und fragte, ob das in Ordnung wäre.

Charlotte und Dr. Barthels kannten den Weg und führten ihren Begleiter zu Hilgers Büro. Hilger empfing sie an der Tür, was nach seinen gestrigen Auslassungen schon überraschend war. Petersen stellte Mr. Ferreira vor, und da dieser kein Deutsch sprach, bat er, das Gespräch in Englisch zu führen. Das wurde, wenn auch etwas holprig, so gemacht. Jetzt hatte Hilger den Namen des Zeugen zum ersten Mal richtig verstanden und eilte zu seinem Schreibtisch. Er griff nach dem brasilianischen Polizeibericht und sah Pedro Ferreira forschend an. „Mister Ferreira? Mister Pedro Ferreira??"

Ferreira wusste sofort, dass sein Name in dem Polizeibericht und seine hiesige Anwesenheit Hilger irritieren mussten. „Korrekt, Mister Hilger", lächelte er, „Sie sehen hier den lebenden Beweis für die Manipulation eines amtlichen Dokuments."

„Sie können sich sicher ausweisen?" fragte Hilger, und dann, sich in seinen Schreibtischsessel fallen lassend, bat er die Besucher Platz zu nehmen.

„Herr Petersen, Ihre gestern mündlich vorgetragene Anzeige gegen einen gewissen Col ..." Er sah Petersen Hilfe suchend an.

„Coello, Janio Coello", ergänzte der.

„...Also, diese Anzeige kann hier nicht angenommen werden. Wir können Ihre Aussage protokollieren und nach Rio de Janeiro weiterleiten. Um sie aber wirksam werden zu lassen, müssten Sie sich selbst nach dorthin begeben. Das erscheint mir aber angesichts möglicher Komplikationen mit den dortigen Behörden durch Manipulationen und des mafiösen Hintergrundes dieses Falles, doch zu gefährlich."

Er blätterte in Ferreiras Pass. „Mister Ferreira, inwieweit sind Sie am Tod des Dr. Steinberg beteiligt?"

„Ich bitte, meine Aussagen zu dieser Sache direkt zu protokollieren."

„Mit dem Mitschnitt auf Tonband sind Sie einverstanden?"

„Ja." Ferreira nickte. „Ich war Zeuge, wie Dr. Steinberg von Janio Coello umgebracht wurde."

„Erzählen Sie am besten von Anfang an."

Ferreira erläuterte zunächst seine Funktion als undercover in Coellos Umfeld und der Arbeit der Gruppe Cartelo Cabral und sein Verhältnis zu ihr. Dann begann er mit der Abholung von Petersen am Flughafen von Rio, der Einquartierung von Petersen im Centro do Lapas und von Petersens augenscheinlicher Verwirrtheit. Er wusste da noch nicht, dass sie nur gespielt war. Seine ihm von Coello übertragene Aufgabe war, Petersen, der ihm als Dr. Steinberg vorgestellt wurde, zu bewachen und für die Fortsetzung der Medikation zu sorgen. Die gleiche Aufgabe hatte er von Cabral, nur dass er die weitere Medikation verhindern sollte. Durch seinen fingierten Anruf auf Veranlassung von Cabral konnte er Petersen zur Flucht bewegen. Er informierte verabredungsgemäß Coello über Petersens Verschwinden. Coello zitierte daraufhin den richtigen Dr. Steinberg zu Petersens Hotel, was Ferreira aber nicht wusste. Dr. Steinberg traf in Petersens Zimmer auf die als Sanitäter verkleideten Helfer der Organmafia, die ihn für Petersen hielten, zumal der von Petersen zurückgelassene Pass Steinberg als den mitzunehmenden Mann auswies. Sie überwältigten ihn und transportierten ihn in einem Krankenwagen ab.

„Wo waren Sie zu diesem Zeitpunkt?" fragte Hilger.

„Ich war in meinem Zimmer mit Coello und hörte mir dessen Beschimpfungen wegen meiner Nachlässigkeit an."

„Sie haben also nichts davon bemerkt, wie Dr. Steinberg abtransportiert wurde?"

„Nein, Coello auch nicht. Der merkte die Verwechselung erst, als Dr. Steinberg auf dem OP-Tisch lag."

Charlotte saß zusammengekauert auf ihrem Stuhl und hatte die Hände vor das Gesicht geschlagen.

„Bitte, Frau Steinberg, wenn Ihnen das alles zu viel wird, können Sie ins Nebenzimmer gehen. Meine Sekretärin wird sich um Sie kümmern."

Charlotte schüttelte den Kopf. „Nein, ich möchte hierbleiben. Ich habe das Recht zu erfahren, wie mein Mann umgekommen ist."

„Mister Ferreira", wandte sich Hilger an ihn, „warum haben Sie nicht eingegriffen, als Sie Dr. Steinberg auf dem OP-Tisch sahen und sicher auch wussten, was ihm bevorstand?"

„Dann wäre ich gleich neben Dr. Steinberg auf dem OP gelegen und heute nicht hier, und es würden, was ich durch meine Aussage hier zu verhindern hoffe, weitere Morde geschehen." Ferreira nannte dann noch Namen, beschrieb Örtlichkeiten und wie er sich, auf Veranlassung von Cartelo Cabral, absetzte, um Mister Petersen auf seinem Flug nach Deutschland zu überwachen.

Der Mord an Dr. Steinberg schien damit geklärt. Hilger hatte auch keinen Zweifel an der Identität des Opfers. Die Nachweise aus Rio bestätigten das auch. Der Kripobeamte blickte von seinen Notizen auf.

„Herr Petersen, wann haben Sie von dem gewaltsamen Tod Dr. Steinbergs erfahren?"

„Ich glaube, es war am Mittwoch. Senhor Cabral informierte mich."

„Was haben Sie dann unternommen? Haben Sie das deutsche Konsulat unterrichtet?"

„Wie sollte ich? Ich hatte doch überhaupt keine Beweise. Dagegen verfügte das Konsulat über amtliche Papiere – wenn auch manipulierte – der brasilianischen Behörden. Ich hätte mich in größte Gefahr begeben, ohne etwas an Dr. Steinbergs Tod ändern zu können. Und letztlich hätte ich Senhor Cabral enttarnt und seine Gruppe in die Hände der Mafia gespielt."

„Mein Verdacht gegen Sie, Herr Petersen, und damit auch gegen Sie, Frau Steinberg, basiert auf der Annahme, dass Sie Helfer in Rio hatten. Ich glaube, Herr Petersen, dass es kaum möglich war, den von mir angenommenen Plan ohne Helfer vor Ort durchzuführen." Hilgers Stimme wurde plötzlich scharf, und er sprach deutsch: „Hat Herr Ferreira Ihnen bei der Ausführung des Mordplanes geholfen? Wann haben Sie Ferreira wirklich kennengelernt? Wann waren Sie vorher zuletzt in Rio de Janeiro? Und die gleichen Fragen an Sie, Frau Steinberg!"

Charlotte sprang auf. „Jetzt reicht es aber!" empörte sie sich. „Diese Verdächtigungen brauche ich mir nicht gefallen zu lassen! Haben Sie vergessen, dass wir mit unserem Verdacht zu Ihnen gekommen sind und Sie ohne unsere Informationen nie etwas von dem Verbrechen an meinem Mann erfahren hätten und Sie sich weiter mit Ihren alten langweiligen Akten hätten beschäftigen müssen? Ich will sofort meinen Anwalt sprechen!"

Petersen war auch aufgestanden und legte seinen Arm um Charlotte. „Beruhige dich bitte, der Mann muss so fragen. Er wird sich hinterher in aller Form bei uns entschuldigen. Komm, setz dich wieder." Er wandte sich wieder Hilger zu. „Ich werde Ihre Fragen präzise in Deutsch beantworten, sodass Sie danach meine Aussagen mit denen von Herrn Ferreira vergleichen können."

Die Antworten waren schnell und einfach gegeben. Ferreira, der den Grund der plötzlichen Aufregung nicht verstanden hatte, hielt Hilger nun seine Theorie von einem Komplott zwischen ihm und Petersen vor. Ferreira lächelte, schlug seine Beine übereinander und sagte nur ein Wort: "Absurd."

„Was glauben Sie, Mister Ferreira, wie gut war Coello über die privaten Verhältnisse von Dr. Steinberg informiert?"

„Das weiß ich nicht. Aber ich vermute, dass er, wie bei allen seinen Opfern, auch über Dr. Steinbergs private und geschäftliche Angelegenheiten informiert war."

„Dann würde er auch von der millionenschweren Lebensversicherung wissen, die Frau Steinberg jetzt zufällt?"

„Das ist anzunehmen."

„Glauben Sie, dass Coello oder die Mafia versuchen könnten, in den Besitz des Geldes zu gelangen?"

„Das ist durchaus möglich."

Alle blickten jetzt auf Charlotte. „Sie sind in Gefahr, Frau Steinberg", sagte Hilger. Seine Stimme klang besorgt. „Seien Sie bitte wachsam und melden mir sofort alles, was Ihnen verdächtig erscheint. Wahrscheinlich wird man noch warten, bis Sie über die Versicherungssumme verfügen. Nehmen Sie das bitte ernst."

„Die deutsche Polizei wird dich besser schützen, als es die brasilianische bei Robert getan hat." Dr. Barthels, der bis dahin geschwiegen hatte, konnte sich diesen Seitenhieb gegen seinen Klubkameraden nicht verkneifen.

Charlotte war von der neuen Erkenntnis der Gefahr für sie überrascht. An die Lebensversicherung hatte sie überhaupt noch nicht gedacht. Sie musste ja auch erst den Schlüssel für den Tresor haben, ehe sie Verbindung mit der Versicherung aufnehmen kann.

Ferreira bat Hilger, seine und Petersens Aussagen sofort niederschreiben zu lassen und unverzüglich, als amtliches Dokument der Hamburger Polizei, nach Rio zu übermitteln. Er gab Hilger zwei offizielle Anschriften von nicht korrumpierbaren hohen Beamten und bat, ihm eine Kopie der Protokolle ins Hotel zu senden.

Wie lange bleiben Sie noch in Hamburg?", fragte Hilger.

„Bis Senhor Cabral mir mitteilt, dass die Bande aufgeflogen ist und ich gefahrlos zurückkehren kann."

„Verstehe. Ich werde alles Notwendige mit äußerster Dringlichkeit veranlassen. Sie wohnen weiter im Hotel ‚Reichshof'?"

„Nein", schaltete sich Charlotte ein, „Mister Ferreira kann selbstverständlich bei uns wohnen. Das ist das Mindeste, was ich für ihn tun kann."

Ferreira schüttelte den Kopf. „Danke sehr, Frau Steinberg, aber mit meiner Anwesenheit könnte ich Sie und mich in Gefahr bringen. Ich möchte vorschlagen – bitte, wenn es nicht unverschämt ist – so lange im Haus von Herrn Petersen zu wohnen, wenn er dafür in Ihrem Haus bleiben kann. Herrn Petersens wahre Identität ist in Rio ja nicht bekannt, und in seinem Haus wäre ich verhältnismäßig sicher."

„Selbstverständlich", stimmte Petersen sofort zu um sofort seine Voreiligkeit zu korrigieren: „... wenn Charlotte mich in ihrem Gartenhäuschen wohnen lässt?"

Allgemeines Schmunzeln – und in entspannter Atmosphäre verabschiedete man sich.

Als die Herrschaften weggefahren waren, wartete Rita noch ein paar Minuten. Dann schlich sie sich zur Bibliothek. Obwohl sie wusste, dass Frau Köster in der Küche beschäftigt war und eigentlich nie ungerufen die hinteren Wohnräume betrat, hielt sie noch einen Moment lauschend inne, um dann in das Zimmer zu schlüpfen. Mit klopfendem Herzen steuerte sie auf den Wandtresor zu. Sie zog einen Schlüssel aus ihrer Schürzentasche und eine Zahl vor sich hinmurmelnd, öffnete sie die schwere Tür. Gezielt ergriff sie einen großen gelben Umschlag und ließ ihn unter ihrer Schürze verschwinden. Dann verschloss sie wieder den Tresor und huschte hinaus. Sie lief nach oben zu ihrem Zimmer und riss das Kuvert auf. Sie fand zwei Lebensversicherungsverträge. Ihr Herz klopfte jetzt bis zum Hals und sie musste sich, nach Luft schnappend, setzen. Himmel ist das aufregend, an die Millionen der Steinbergs heranzukommen! Hastig versteckte sie die Papiere unter ihrer Matratze.

Rita war gestern Abend, nachdem durch den Besuch des Kriminalbeamten ihre letzten Zweifel an dem Tod von Roland Steinberg beseitigt waren, zu ihrem Appartement gefahren und hatte das Päckchen, das sie bei der Abreise von Dr. Steinberg erhalten hatte, mit zitternden Fingern geöffnet. Darin fand sie einen mehrfach in Toilettenpapier eingewickelten Schlüssel und ein zusammengefaltetes Schreiben. Es war nicht einfach, die krickelige Handschrift des Arztes zu entziffern.

Meine kleine Rita, wenn du diese Zeilen liest, wirst du von meinem Tod erfahren haben. Erschrick nicht, aber ich lebe. Mit beiliegendem Schlüssel und der Kombination 3084 kannst du den Tresor in der Bibliothek öffnen. Dort findest du einen großen gelben Umschlag. Nimm ihn an dich und verschließe wieder alles ordentlich. In ein paar Tagen wirst du per Post an deine Adresse einige Dokumente, unter anderem meine Sterbeurkunde, erhalten. Bewahre alles gut auf. Es geht um unsere gemeinsame Zukunft! Ich melde mich in ca. 14 Tagen! Roland.

Dein Plan hat nicht geklappt, mein Lieber. Rita betrachtete den Schlüssel in ihrer Hand. Nun behalte einen kühlen Kopf und überlege, was du tun musst. Erst einmal sehen, was in dem gelben Umschlag ist.

Sie hatte, als sie wieder nach unten ging, noch keine Vorstellung, was sie mit den Dokumenten anfangen könnte. Ohne diese Papiere kommt Frau Steinberg sicher nicht an die Millionen, überlegte sie. Damit habe ich sicher etwas in der Hand, wofür sie schwer bezahlen wird. Euphorisch lief sie durch die Halle in die Küche zu Frau Köster.

Zwei Tage später erhielt Charlotte die Nachricht vom Bezirk-samt, dass die Urne mit der Asche ihres Mannes eingetroffen ist und sie bitte einen Bestattungsunternehmer mit der Abholung beauftragen möchte. Charlotte ordnete ein umgehendes Begräbnis an. Die Presse erfuhr erst von dem Tod des Dr. Steinberg, nachdem die Beisetzung auf dem Urnenfeld des Blankeneser Friedhofs erfolgt war. So wussten auch die vielen Verehrerinnen und auch der eine oder andere Bekannte aus der Umgebung des Rennplatzes nichts vom Ableben Steinbergs. Von Rolands Seite gab es irgendwo in Amerika Cousins oder Cousinen, man hatte miteinander keinen Kontakt gepflegt. Die Traueranzeige wird dann auch erst morgen als Nachruf im Hamburger Abendblatt erscheinen. Charlotte wurde begleitet von Dr. Barthels, Petersen hielt sich im Hintergrund. Ferreira war nicht gekommen, er meinte, dass es für Charlotte gefährlich werden könnte, wenn man ihn hier sehen würde. Neben Frau Köster und Rita hatte sich Kriminaloberrat Hilger postiert. Einige Arztkollegen und Schwestern vervollständigten die kleine Trauergemeinde.

Am späten Nachmittag erwartete Charlotte ihren Anwalt

Dr. Berger und einen Schlosser des Tresorherstellers. Der konnte ohne Probleme den Tresor öffnen und bot an, Frau Steinberg einen Ersatzschlüssel anzufertigen, falls er nicht ein neues Schloss einbauen soll. Dr. Barthels und Petersen saßen im Arbeitszimmer und unterhielten sich angeregt. Petersen, der ja den Grund von Steinbergs mörderischen Plan kannte, sprach nun direkt Dr. Barthels auf die finanzielle Situation der Klinik an.

„Sie ist schwierig, aber lange nicht so schlimm, um jemanden deswegen umzubringen. Wir haben kein ordentliches kaufmännisches Management. Roland hatte sich immer dagegen gewehrt. Unser alter Buchhalter ist wohl nicht mehr up to date, und ich selbst bin in erster Linie Arzt."

„Ich will mich nicht aufdrängen, Dr. Barthels, aber vielleicht kann ich Ihnen helfen?" Petersen erklärte Barthels, dass er diplomierter Betriebswirt sei und sich die Klinikbuchhaltung gerne einmal ansehen würde. Er habe sich zwar seit ein paar Jahren in der Behörde verkrochen, aber auf sein Basiswissen könne er schnell wieder aufbauen. Auch habe er die wirtschaftliche Entwicklung auf dem freien Markt nie ganz aus den Augen gelassen.

„Ich habe Vertrauen zu Ihnen gefasst, Herr Petersen. Ich bin mit meinen anfänglichen Verdächtigungen Ihnen gegenüber sowieso in großer Schuld. Sie sagten, dass Sie sich in der

Behörde ‚verkrochen' haben – sind Sie Beamter?"

„Nein", lächelte Petersen, „ich bin Angestellter." Und dann sprach er zum ersten Mal seit langer Zeit darüber, weshalb vor der Hektik der freien Wirtschaft in die zwar eintönige, seinem damaligen Befinden aber angepasste Behördenroutine geflohen war. Ein Autounfall, für den er sich fälschlicherweise die Schuld gab, der seine Frau und seien achtjährige Tochter das Leben kostete, hatte ihn in ein tiefes seelisches Loch gestürzt. Er hatte sich seitdem nie wieder an das Steuer eines Autos gesetzt. Freiwillig führte er ein eintöniges Leben ohne Höhepunkte. Erst durch Dr. Steinberg wurde er aus seiner Lethargie herausgerissen und verspürte plötzlich wieder Neugierde und sogar so etwas wie Abenteuerlust. Er habe also, wenn's auch seltsam klingt, Dr. Steinberg einiges zu verdanken. Diese ganze Geschichte hätte ihn wieder ins Leben zurückgeholt.

„Und die Begegnung mit Charlotte", schmunzelte Dr. Barthels. Zurück zu Ihrem Angebot, lieber Herr Petersen, ich nehme es natürlich gerne an. Kommen Sie morgen in die Klinik, ich werde alles bereitlegen. Sicher werden wir uns einig."

Dr. Barthels sah wieder zuversichtlicher in die Zukunft, zumal Charlotte auch angedeutet hatte, dass von den Versicherungsmillionen ein Teil in die Klinik fließen sollte. Es entspräche ja auch dem Willen von Roland, meinte sie – wenn auch nicht ganz ohne Ironie.

Charlotte trat in Zimmer. „Im Tresor sind keine Versicherungspapiere", sagte sie enttäuscht.

Überrascht sahen sich Dr. Barthels und Petersen an.

„Und nun?" Dr. Barthels hatte sich zuerst gefasst. „Bist du sicher, dass Roland überhaupt eine Lebensversicherung abgeschlossen hat?"

„Was hätte diese Geschichte sonst für einen Sinn gehabt?" Charlotte schüttelte den Kopf. „Er muss die Papiere woanders deponiert haben."

„Was glaubst du, bei einer anderen Frau?" Dr. Barthels stand auf.

Charlotte zuckte hilflos die Schultern. Sie ging zurück in die Bibliothek und die beiden Männer folgten ihr.

„Was gibt es nun für Möglichkeiten, die Versicherungssumme ohne die Policen abzufordern?" fragte Dr. Barthels den Anwalt.

„Wir kennen ja noch nicht einmal die Versicherungsgesellschaft. An wen sollen wir uns da wenden? Wir könnten zwar alle infrage kommenden Versicherer anschreiben, aber ob und wann das zum Erfolg führt … Die Versicherer werden auch kein großes Interesse haben, so viel Geld loszuwerden." Dr. Berger hob die Schultern.

„Charlotte, entschuldige, kann ich dich einmal allein sprechen?" flüsterte Petersen ihr ins Ohr.

"Charlotte nickte. "Entschuldigt mich bitte einen Moment", sagte sie und führte Petersen zurück ins Arbeitszimmer. Sie schloss die Tür und sah Petersen erwartungsvoll an.

"Charlotte, dein Mann muss doch irgendwie die sehr hohen Versicherungsprämien bezahlt haben. Also musst du nur die Kontoauszüge prüfen, um zu sehen, wohin das Geld gegangen ist." Petersen hatte vorhin im offenstehenden Wandtresor noch diverse Papiere liegen sehen. "Ich nehme an, die Belege befinden sich auch im Tresor?"

"Ja natürlich Peter, dass wir darauf nicht gekommen sind. Du solltest dir den ganzen Papierkram vornehmen und alles einmal durchsehen und so einrichten, dass auch ich damit zurechtkomme. Machst du das? Und Dr. Berger kann gleich noch deine Bevollmächtigung, mich in allen Angelegenheiten zu vertreten – oder wie das sonst heißen mag – notariell zu bestätigen."

"Willst du deine finanziellen Angelegenheiten schon wieder einem Kerl überlassen, einem, den du noch gar nicht richtig kennst?"

"Peter!" Sie ging auf ihn zu und küsste ihn zum ersten Mal so richtig liebevoll auf den Mund.

Rita saß in ihrem Zimmer an ihrem keinen Schreibtisch und studierte die Versicherungspolicen. Es waren zwei, eine ausgestellt von einer schweizerischen Gesellschaft über zwei Millionen Schweizer Franken und die andere von einer Hamburger Agentur über die gleiche Summe in D-Mark. Vier Millionen! Rita schluckte einige Male. Sie blätterte weiter und stieß in der Rubrik ‚Begünstigte(r)‘ auf den Eintrag ‚ … zahlbar an den / die Inhaber(in) dieses Versicherungsvertrages‘. Die gleiche Bedingung stand auch in dem anderen Papier. Eingeschlossen waren sämtliche Todesarten, auch Selbstmord, ausgenommen war Tod durch Krieg und die billigende Inkaufnahme des Todes durch Reisen in Krisengebiete (lt. aktueller Liste des Auswärtigen Amtes der Bundesrepublik Deutschland). Also ein ‚Inhaberpapier‘, durchfuhr es Rita. Das heißt, dass die Versicherungen das Geld an mich auszahlen müssen! Ha! Warum soll ich da noch mit Charlotte teilen! Die in solchen Fällen oft beobachtete Gier hatte si erfasst. Sie las noch einmal alles, Wort für Wort, und stellte dann fest, dass sie unbedingt noch die Sterbeurkunde brauchte. Nun, die würde sich ja irgendwo finden lassen. Den Tresorschlüssel hatte sie ja noch. Mit hochrotem Kopf lief Rita in ihrem Zimmer auf und ab und verfügte in Gedanken bereits über die Verwendung der Millionen.

Petersen setzte sich noch am gleichen Abend hin und sichtete die Papiere, Verträge und Bankauszüge von zwei verschiedenen Kreditinstituten. Außerdem fand sich noch ein Schlüssel, der sich nirgends im Hause zuordnen ließ. Der letzte Kontoauszug der Hamburger Bank wies immerhin noch ein Guthaben von 8.540 Mark aus, bei der anderen, einer Schweizer Bank standen fast 20.000 Franken im Haben. Er blätterte zurück und stieß bald auf die regelmäßige Abbuchung von 2.000 Schweizer Franken zugunsten einer Versicherungsgesellschaft. Da haben wir's, freute er sich. Er sah sich um: Ich brauche ein Faxgerät. Petersen rief Charlotte und zeigte ihr seinen Fund. „Bitte ruf morgen früh gleich bei der Telefongesellschaft an, damit die sofort ein Faxgerät installieren.

Er wandte sich den anderen Belegen zu und stutzte. Auch hier waren regelmäßige Überweisungen an eine Hamburger Versicherungsagentur gebucht. Also hatte Steinberg zwei Lebensversicherungen abgeschlossen! Und dann entdeckte er noch eine immer wiederkehrende Buchung: 1.800 Mark für Miete und Nebenkosten an ein Immobilienbüro. Hatte Steinberg womöglich noch irgendwo eine Zweitwohnung? Er beschloss, Charlotte noch nichts von dieser Entdeckung zu sagen und machte Feierabend. Es war fast Mitternacht. Er ließ den Tresorinhalt auf dem Schreibtisch liegen und stieg leise die Treppe zu seinem Gästezimmer empor.

Sie waren früh auf den Beinen am nächsten Morgen. Petersen begegnete auf der Treppe nach unten Rita, die an ihm vorbei mit hochrotem Kopf, ein undeutliches „Guten Morgen" murmelnd, nach oben stürmte. Kopfschüttelnd sah er ihr hinterher. Als Rita das Frühstück servierte, war sie derartig nervös, dass sie das Tablett mit dem Kaffeegeschirr nicht in der Balance halten konnte. Die Kaffeekanne und zwei Teller rutschten über den Rand des Tabletts und fielen zu Boden. „Scherben bringen Glück!" lachte Charlotte, während Petersen Rita aufmerksam ansah. Rita fühlte sich absolut nicht wohl in ihrer Haut, und als Petersen fragte, ob es ihr nicht gut gehe, nickte sie und lief aus dem Zimmer.

Rita war nach einer sehr unruhigen Nacht sehr früh aufgestanden und hatte sich in die Bibliothek geschlichen. Die Tresortür stand offen, aber der Tresor war leer. Im Arbeitszimmer fand sie schnell, was sie suchte. Auf dem Schreibtisch lag die Sterbeurkunde in mehrfacher Ausfertigung mit der Übersetzung des deutschen Konsulats. Genau wie am Vortag der gelbe Umschlag verschwand jetzt ein Exemplar des Sterbedokuments unter ihrer Schürze. Keine Minute zu früh, wie sie erschrocken feststellte, als sie Petersen hörte, wie er oben sein Gästezimmer verließ. Die gestohlenen Papiere versteckte sie ebenfalls unter der Matratze.

Jetzt kam sie mit Wischtuch, Kehrschaufel und Besen zurück ins Frühstückszimmer. „Ich bringe gleich neuen Kaffee, bitte entschuldigen Sie", sagte sie, in der Hocke sitzend die Scherben einsammelnd.

„Ist nicht so schlimm", sagte Charlotte, „es war ja nicht das Meißner. Aber wenn es Ihnen nicht gut geht, legen Sie sich doch ein wenig hin, wir kommen schon zurecht. Frau Köster kommt ja auch gleich." Charlotte war gut gelaunt.

„Danke. Ich würde gerne kurz zum Arzt gehen", nahm Rita die Gelegenheit wahr, das Haus verlassen zu können.

„Ist recht, Rita."

Sie frühstückten gut gelaunt und besprachen den voraussichtlichen Tagesablauf. Petersen erzählte von seiner Entdeckung bei der Durchsicht der Kontoauszüge, wonach er die Versicherungsgesellschaften ausfindig machen konnte. Von den Überweisungen an die Immobilienfirma sagte noch nichts. Er würde jetzt in die Stadt fahren und die Hamburger Versicherungsagentur besuchen, um Näheres über Rolands Versicherungsvertrag zu erfahren, und Charlotte wollte sich um die Installation eines Faxgerätes kümmern.

„Du kannst meinen Wagen nehmen", sagte Charlotte, „ich zeige dir gleich, wo der Schlüssel hängt und wie du durch die Küche in die Garage kommst."

Petersen schüttelte den Kopf. „Ich habe seit ein paar Jahren keine Fahrpraxis mehr, ich nehme Bus oder Bahn."

Charlotte sah ihn erstaun an. Erst jetzt fiel ihr auf, dass er immer auf der Beifahrerseite saß und nie Anstalten machte, selbst zu fahren. „Du hast doch einen Führerschein?"

„Ja, und ich werde es dir erklären, nur jetzt nicht. Heute Abend, ja?"

Charlotte gab sich zufrieden und Petersen suchte im Arbeits-zimmer die Papiere zusammen. Neben seiner Bevollmächtigung steckte er noch Rolands Sterbeurkunde ein. Im Unterbewusstsein registrierte er, dass ein Exemplar des Dokumentes zu fehlen schien.

Es regnete, und Petersen schlug den Kragen seines – oder immer noch Dr. Steinbergs - Mantel hoch. Er hatte nicht daran gedacht, nach einem Schirm zu fragen, und nun wollte er nicht noch einmal umdrehen. Das Immobilienbüro lag als Nächstes auf seinem Weg zur Versicherungsagentur, in der Palmaille. Petersen wies sich als Bevollmächtigter der Witwe Dr. Steinbergs aus und verlangte Einsicht in den Mietvertrag, für den der Verstorbene regelmäßig bezahlt hatte. Er bat um äußerste Diskretion der Witwe gegenüber, man verstehe schon. Man verstand, und Petersen bedauerte, das Appartement mit sofortiger Wirkung kündigen zu müssen. Das heißt, die Novembermiete sei ja bezahlt, und bis zum Ablauf des Monats wolle er noch über das Appartement verfügen. Es gab keine Probleme, er erhielt die Adresse und auch einen Ersatzwohnungsschlüssel.

Die S-Bahn brachte ihn anschließend zur Station Stadt-hausbrücke, von wo aus es nur wenige Schritte zum Alten Wall waren. Hier war das Büro der Versicherungsagentur, die für verschiedene Gesellschaften als Makler tätig war. Zunächst aber ging Petersen in die andere Richtung zum Alten Stein-weg. Dort war der Sitz der Wirtschaftsbehörde, seines Noch-Arbeitgebers. Sein Chef war in einer Konferenz und so hinter-ließ er bei seiner Vorzimmerdame die Nachricht, dass er noch ein paar Tage benötige, um seine Angelegenheiten in Ord-nung zu bringen. Dieser kleine Umweg ersparte ihm wahr-scheinlich eine – wenn auch nicht für ihn – hochnotpeinliche Begegnung. Im Büro des Versicherungsmaklers zeigte man sich sehr überrascht, als er sein Anliegen vortrug, die Versi-cherungspolice des verstorbenen Dr. Steinberg einzusehen.

„Wir wissen, dass Dr. Steinberg tot ist, und wir haben auch bereits einen Anspruchsberechtigten auf die Versiche-rungssumme. Vor zwanzig Minuten war jemand hier und hat sich unter Vorlage der Police und der Sterbeurkunde als Be-günstigte im Versicherungsfall ausgewiesen."

„Als Begünstigte? Eine Dame also?"

„Ja. Bei dieser Versicherung handelt es sich um ein Inha-berpapier. Wir sind dabei, die Ansprüche an die Versicherer weiterzuleiten, und wenn keine Unregelmäßigkeiten festzustellen sind, wird die Auszahlung erfolgen."

„Darf ich den Namen der Dame erfahren?"

„Nein, natürlich nicht. Ich sagte schon, es ist eine Inhaberpolice, die zunächst keine Legitimation verlangt. Haben Sie beziehungsweise die Witwe des Verstorbenen Bedenken an der Rechtmäßigkeit des Besitzes der Police durch diese Person?"

Petersen war sich nicht im Klaren, wie er sich verhalten sollte. Die Sache schien doch ziemlich eindeutig zu sein. Steinberg hatte eine Geliebte, und die war im Besitz der Police. Und dazu passte auch das Appartement in der Philosophenallee.

„Ich muss mich erst mit dem Anwalt von Frau Steinberg beraten. Wie schnell kommt die Versicherungssumme zur Auszahlung?"

„Das dauert noch einige Zeit. Ihr eventueller Einspruch würde die Abwicklung weiter verzögern. Ich höre dann in den nächsten Tagen von Ihnen?"

Petersen bedankte sich und fuhr hinaus zu seinem Haus nach Altona.. Vorsichtshalber läutete er an der Tür, und als sich niemand meldete, schloss er auf. Kaum war er eingetreten, flog die Tür hinter ihm zu und er spürte ein kaltes Eisen an seinem Hals. Zu Tode erschrocken blieb er wie angewurzelt stehen. Dann hörte er eine bekannte Stimme, und das kalte Ding an seinem Hals wurde weggenommen.

„Sorry, Mister Petersen für den unfreundlichen Empfang. Ich muss vorsichtig sein." Es war Pedro Ferreira, der jetzt vor ihm hintrat und die Hand entgegenstreckte.

„Puh, das war hart." Erleichtert ergriff Petersen Ferreiras Hand. „So etwas kenne ich nur aus dem Fernsehen! Wie geht es denn, Mister Ferreira, gibt es Nachrichten aus Rio?"

„Ich erwarte ein Fax heute Nacht. Ich hoffe, es bringt gute Nachrichten."

Sie unterhielten sich eine Weile sehr angeregt, tauschten Informationen aus und dann ging Petersen in sein kleines Büro. Hier gab er ein Fax an die Versicherungsgesellschaft in Zürich auf, mit Sterbeurkunde und seiner Vollmacht als Anlage. Er hoffte, so jener unbekannten Anspruchstellerin zuvorzukommen. Vielleicht hatte die ja auch nur die Hamburger Police und die Zweite besaß eine andere Person. Er avisierte der Versicherung einen späteren Anruf der Witwe des Verstorbenen und bat, man möge doch schon mal die Unterlagen bereitlegen. Dann packte er noch ein paar persönliche Gegenstände in seinen Aktenkoffer und verabschiedete sich von Ferreira, der ihm noch versprach, alle Telefon- und Faxgebühren zu ersetzen, was Petersen aber strikt zurückwies.

Inzwischen war es fas 14 Uhr geworden. Petersen saß in der S-Bahn, die ihn nach Othmarschen bringen sollte. Als er dort ankam, war der Anschlussbus zur Villa Steinberg gerade weg, und Petersen genehmigte sich ein Taxi.

Charlotte empfing ihn mit Neuigkeiten. „Ein Dr. Andresen hatte angerufen und hatte sich als Anwalt von Roland vorgestellt. Er hatte erst jetzt von Rolands Tod erfahren. Roland hat ein Testament hinterlassen und mich und Rita morgen um 13 Uhr zur Testamentseröffnung bestellt. Vielleicht hat der Anwalt ja auch die Versicherungspolicen."

„Das ist, denke ich, unwahrscheinlich." Petersen erzählte vom Ergebnis seiner Stadtrundfahrt. Er tat sich schwer, Charlotte von seinem Besuch beim Immobilienmakler zu berichten.

„Ich ahnte es", sagte Charlotte traurig. „Bist du in der Wohnung gewesen?"

„Nein, ich will erst sicher sein, dass ich dort niemanden antreffe."

Bedrückt hörte Charlotte zu, was Petersen bei der Versicherungsgesellschaft erfahren hatte. „Ich vermute, dass es die Bewohnerin ist, die im Besitz zumindest der Hamburger Police ist. Unbegreiflich ist nur, wie sie in den Besitz der Sterbeurkunde gelangt ist", schloss Petersen seinen Bericht.

Er stand auf und nahm Charlotte, die offensichtlich mit den Tränen kämpfte, in den Arm. Als sie sich beruhigt hatte, erzählte er von seinem Fax nach Zürich und dass er Charlottes Anruf dort avisiert habe. Charlotte nickte und sie gingen ins Arbeitszimmer. Sie konnte schon wieder lächeln, als sie auf das neu installierte Faxgerät zeigte. „Innerhalb einer Stunde war alles erledigt. Der Anschluss läuft noch über unsere Telefonleitung, wir sollen aber schnellstens eine separate Faxnummer erhalten."

Petersen registrierte mit gemischten, aber vorwiegend glücklichen Gefühlen das „unsere" und das „wir" in Charlottes Erklärung.

Das Gespräch mit Zürich brachte lediglich die Erkenntnis, dass sich in dieser Angelegenheit dort noch niemand gemeldet hatte. Bei Verlust der Versicherungspolice müsse ein öffentlicher Erbenaufruf erfolgen, und erst nach Ablauf des Termins könne Frau Steinberg eventuell mit einer Auszahlung der Versicherungssumme rechnen. Das aber könne mindestens ein Jahr dauern. Sie möge bitte noch die Sterbeurkunde, und sobald sie im Besitz eines Erbscheines ist, auch diesen nach Zürich schicken.

Frau Köster hatte das Mittagessen warm gestellt, und Rita, die offensichtlich erholt von ihrem angeblichen Arztbesuch zurückgekehrt war, trug es auf.

Nach dem Mittagessen fuhr Petersen in die Klinik zu Dr. Barthels. Unterwegs wurde ihm klar, dass er ohne Auto doch ziemlich immobil war und zu viel Zeit für seine Wege brauchte. Das Trauma seines Unfalls verschwamm allmählich.

Dr. Barthels empfing ihn mit ausgestreckten Händen. „Kommen Sie, lieber Herr Petersen, mein Buchhalter, Herr Wilkens, hat alles zurechtgelegt. Er ist im Übrigen froh, wenn ihm jemand die Verantwortung für das Management abnehmen würde. Er ist mit 62 auch nicht mehr der Jüngste."

Petersen erkannte schnell, wo es bei der Wirtschaftlichkeit der Klinik im Argen lag. Er schlug vor, ein neues Organisationskonzept aufzustellen und selbst mit den Banken zu verhandeln. Die Situation war nicht so schlimm wie befürchtet. Dr. Barthels war hocherfreut und bot Petersen einen Anstellungsvertrag, zunächst als Prokurist und nach der Sanierung als wirtschaftlicher Direktor und Mitinhaber.

Petersen war mit sich zufrieden. Mit dieser Funktion konnte er seine gesellschaftliche Position, auch gegenüber Charlotte, ein wenig verbessern. Er fühlte zwar, dass es Charlotte ziemlich egal war, was er war, aber als Mann konnte er einen Minderwertigkeitskomplex gegen-über Charlottes Stellung insgeheim nicht leugnen.

„Charlotte", sagte er, als sie abends bei einem Glas Wein auf dem Sofa zusammensaßen und draußen der Herbststurm wütete, „Charlotte, ich möchte etwas klären."

Sie sah ihn liebevoll an. Klassische Musik klang leise im Hinter-grund aus der Stereo-Anlage, das Feuer im Kamin knisterte – es war eine Atmosphäre, die Gefühlen Flügel verleihen kann. Sie legte den Kopf an seine Schulter und summte nur ein wohliges „Hhmm."

„Unser Verhältnis", fuhr er fort, „ich … ich …" Er brach ab. Ich lebe bei dir, sogar von dir, ich trage die Garderobe deines Mannes, ich habe meine eigene, alte Welt fast vergessen – wie soll es nun weitergehen, wollte er sagen.

Charlotte kuschelte sich an ihm. „Haben wir ein Verhältnis?" fragte sie kokett.

„Nein. Ja. Charlotte …" Und dann hörte er seine Stimme, die fern und heiser klang: „… ich liebe dich."

Der nächste Tag wurde ein Tag voller Ereignisse. Zunächst kam Ferreira vorbei. Er hätte auch anrufen können, aber er musste einem unwiderstehlichen Zwang folgen und Rita wiedersehen. Ein heimliches Zittern überfiel beide, als sie sich die Hände reichten. Petersen trat schmunzelnd hinzu und bat Ferreira in das Arbeitszimmer. Die ersehnte Nachricht aus Rio war eingetroffen, berichtete Pedro, noch etwas außer Atem. Cartelo Cabral hatte ein ausführliches Fax geschickt, wonach die mafiöse Vereinigung der Organhändler aufgeflogen sei und Janio Coello und viele bekannte Größen in der Polizei und der Verwaltung verhaftet worden seien. Die Presse in Rio überschlug sich, und auch Gerhardt Petersen wurde mehrfach ob seines „heldenhaften Einsatzes ohne Rücksicht auf sein eigenes Leben" erwähnt. Cabral ließ herzliche Grüße bestellen und erinnerte an seine Einladung, ihn recht bald auf seiner fazenda zu besuchen. Pedro Ferreira ging wieder und Petersen überließ es Rita, ihn hinauszubegleiten. Er wolle am Abend noch einmal vorbei-kommen, um sich zu verabschieden.

Der Monteur der Tresorfirma erschien, und baute ein neues Schloss in den Safe ein. Charlotte hatte sich aus einem unbestimmten Gefühl für diese Maßnahme entschlossen. Petersen räumte erst einmal den Schreibtisch auf und packte alle wichtigen Unterlagen in den Tresor. Dabei stellte er überrascht fest, dass eine Ausfertigung der Sterbeurkunde nebst Übersetzung tatsächlich fehlte. Er fragte Charlotte danach, aber sie hatte sie nicht weggenommen. Ihm fiel der Schlüssel in die Hand. Ahnungsvoll verglich er ihn mit dem Schlüssel für das Appartement, den er von dem Immobilienbüro erhalten hatte. Beide Schlüssel waren offensichtlich für das gleiche Schloss. Ein Verdacht keimte in ihm auf – aber er erschien ihm zu absurd, um ihn weiter zu verfolgen. Abwarten, was ich nachher in dem Appartement finden werde, dachte er.

Charlotte hatte sich mit ihrem Anwalt verabredet. Sie wollte, dass er sie zu der Testamentseröffnung begleitete. Rita hatte sie von der Einladung von Roberts Anwalt gestern informiert. Sie schien nicht überrascht zu sein, worüber Charlotte sich irgendwie wunderte.

Im Laufe des Vormittags nahm sie Petersen an die Hand und ging mit ihm zu den Garagen. Er hatte ihr in der vergangenen, ersten gemeinsamen Nacht von seinem Autofahrertrauma erzählt und sie war nun fest entschlossen, ihn davon zu heilen. Da auch Petersen diesen Wunsch hatte, stand einem Erfolg nichts im Wege. Er lehnte es aber ab, den Jaguar von Dr. Steinberg zu fahren. Charlotte wies ihn in ihrem Audi ein, und vorsichtig tastete er sich die Auffahrt hinunter auf die Straße. Es ging alles schneller als gedacht. Nach einer halben Stunde kehrten sie zurück, glücklich und erleichtert, und Petersen bedankte sich mit einem langen, innigen Kuss.

Zur Philosophenallee, dem geheimnisvollen Appartement in der Nähe der Elbchaussee, war es nicht weit. Auf einer gepflegten, jetzt herbstlich eingefärbten Grünanlage mit Hecken und exotischen Anpflanzungen stand das architektonisch eigenwillig gestaltete weiße Haus. Petersen blieb im Wagen sitzen und zählte die Fenster und Balkone, um die Anzahl der Wohneinheiten zu ermitteln. Es schienen zwölf in verschiedenen Größen zu sein. Hinter den Fenstern rührte sich nichts. Er stieg aus, ging hinüber und betrachtete die Klingelleiste. Keine Namen, nur Initialen. Appartement Nummer sechs lag rechts in der ersten Etage. Petersen zählte die Klingelknöpfe und las auf dem danebenstehenden Schild „R.S." Auf sein Läuten meldete sich niemand, und Petersen schloss die Haustür auf. Gleich die erste Tür im ersten Stock zierte eine goldene Sechs. Vorsichtshalber läutete er noch einmal, und als alles ruhig blieb, schloss er auf und trat ein. Ein geschmackvoll eingerichteter, ordentlich aufgeräumter Raum empfing ihn. Petersen sah sich aufmerksam um und steuerte dann auf den in der Ecke stehenden Schreibtisch zu. Er war nicht verschlossen, und Petersen begann, die Schubladen zu durchsuchen. Dabei hatte er das unangenehme Gefühl, etwas Verbotenes zu tun. Er musste aber unbedingt die Identität der Bewohnerin feststellen. Einen großen gelben Umschlag ohne Beschriftung legte er zur Seite. Dann stutzte er. Neben einem handgeschriebenen weißen Zettel lag das vermisste Exemplar der Sterbeurkunde! Er war also auf dem richtigen Weg. Petersen nahm die handschriftliche Nachricht zur Hand und begann zu lesen.

Meine kleine Rita, wenn Du diese Zeilen liest, wirst Du von meinem Tod erfahren haben ... Ich lebe. Mit beiliegendem Schlüssel ... Kombination ... Tresor ... großer gelber Umschlag ... Und die Unterschrift von Roland!

Petersen musste sich setzen. Rita also. Er war tief enttäuscht. Wie benommen steckte er die Papiere ein und verließ das Appartement. Es fiel ihm schwer, auf dem Rückweg seine

Gedanken auf das Autofahren zu konzentrieren. Charlotte war nicht mehr im Haus und auch von Rita war nichts zu sehen. Er überlegte. Aus dem Brief von Dr. Steinberg ging nicht hervor, dass Rita von dessen Plan, ihn umzubringen, etwas wusste. Konnte man nun dieses Schreiben rechtlich als Vermächtnis, als Testament, wonach Rita die Lebensversicherungen zustanden, ansehen? Nein, Steinberg hatte ihr nur die Aufbewahrung des Umschlags, ohne Inhaltsangabe, übertragen. Sie hatte den Umschlag widerrechtlich geöffnet, hatte ihre unberechtigten Ansprüche bei der Hamburger Versicherung angemeldet und hierzu die Sterbeurkunde von seinem, pardon, Rolands Schreibtisch entwendet. Da hat sie sich ganz schön was eingebrockt. Und er selbst? Wenn er vielleicht auch berechtigt war, das Appartement zu betreten, durfte er die Papiere an sich nehmen? Das muss er schnellstens mit Dr. Berger klären. Und wie wird das alles, und dazu noch das Verhältnis Rolands mit Rita, Charlotte erschüttern. Petersen versuchte, Charlotte bei Dr. Berger zu erreichen. Man sagte ihm, dass Dr. Berger mit Frau Steinberg zu einem Termin unterwegs sei. Er muss also abwarten, was die Testamentseröffnung bringt und bis Charlotte zurückkommt.

Gegen 16 Uhr rollte knirschend auf dem Kiesweg, der von Charlotte gesteuerte Jaguar die Auffahrt hinauf. Neben ihr saß Rita. Beide schienen guter Laune zu sein, als sie den Wagen verließen und auf das Haus zuschritten. Petersen empfing Charlotte mit einem Kuss in der Halle, nahm ihr den Mantel ab und drängte die leicht Widerstrebende gleich in das Arbeitszimmer.

„Junger Mann, nicht so stürmisch, was ist los?"

Petersen schüttelte nur den Kopf und schloss sorgfältig die Tür hinter ihnen.

„Was hat die Testamentseröffnung gebracht?"

„Ich bin die Alleinerbin des – ich glaube kaum vorhandenen – Vermögens. Tantiemen aus Rolands medizinischen Publikationen fließen auf ein spezielles Konto und sollen der Klinik zur Verfügung stehen. Und soweit Bargeld vorhanden ist, soll Rita 10.000 Mark erhalten. Ich habe ihr gleich an Ort und Stelle einen Scheck ausgestellt."

„Den du sofort sperren lassen sollst, liebe Charlotte. Es ist sicher bitter, was ich dir erzählen muss." Er setzte sich zu ihr auf die Sessellehne ."Rita war die Geliebte deines verstorbenen Mannes. Er hat für sie ein Appartement in der Philosophenallee gemietet. Ich bin dort gewesen. Sie hat dich außerdem bestohlen und beabsichtigt, die Lebensversicherungen einzukassieren. Den Tresorschlüssel hat sie übrigens von Roland bekommen. Hier sind die Versicherungspolicen. Petersens Entschluss, Charlotte alles sofort und ohne Umschweife zu erzählen, schien richtig zu sein. Sie blickte zu ihm auf und griff nach seiner Hand.

„Nun wissen wir es. Es ist bitter, ja, aber in erster Linie ist es beleidigend. Ich werde sie sofort feuern."

„Warte, du hast für den Diebstahl der Dokumente keine Beweise. Sie kann alles abstreiten. Und mit der von Roland für sie bezahlten Wohnung kann man zwar mit Sicherheit von einem Verhältnis mit ihm ausgehen, das ist aber nicht strafbar."

„Aber doch sicher ein Grund für einen sofortigen Rausschmiss!"

„Bestimmt. Damit ist sie aber nicht für den Diebstahl und den geplanten Betrug - es geht immerhin um mehr als vier Millionen – bestraft. Ich denke, sie hat eine Lektion verdient. Heute Abend kommt doch unserer Freund Pedro Ferreira, und soweit ich weiß, hast du auch Dr. Barthels eingeladen. Versuche, dass er seinen Freund, diesen Kriminalinspektor, mitbringt. Der wird es sicher verstehen, Rita zu einem Geständnis zu bewegen."

Die Gäste kamen alle auf einmal. Rita hatte sich für die erneute Begegnung mit Ferreira besonders schön zurechtgemacht. Jetzt stand er in der Tür, und ihre Blicke trafen sich mit solcher Intensität, dass beide erröteten. Petersen bat den

Kriminaloberrat zunächst in die Bibliothek und informierte ihn über Ritas Ausflug in die Kriminalität. Nun wird das doch noch ein Fall, freute sich Hilger insgeheim. Aber Petersen drosselte seine Erwartungen.

„Wir möchten Rita nicht anzeigen. Wir wollen ihr nur eine Lektion fürs Leben erteilen. Für Sie, Herr Hilger, ist das sicher kein Problem, sie zu einer ausführlichen – sagen wir mal – Beichte zu bewegen. Sie verliert 10.000 Mark, ihren Job und ihre Wohnung und wird bei künftigen Bewerbungen in einen Erklärungsnotstand geraten. Das soll genügen."

„Ich verstehe. Wenn es sich auch nicht ganz mit den Prinzipien meines Berufes vereinbaren lässt, werde ich versuchen, in Ihrem Sinne zu verfahren. Soll das sofort geschehen?"

„Nein, bitte später, nach dem Essen."

Frau Köster hatte ein paar Kalte Platten vorbereitet und eine Hummersuppe, die sie jetzt mit Ritas Unterstützung servierte. Rita bemühte sich auffällig um Ferreira, dem das außerordentlich zu gefallen schien. Nach dem Essen saß man im Kaminzimmer und besprach noch einmal die Ereignisse der letzten drei Wochen. Ferreira berichtete über die Zerschlagung der Organmafia und übermittelte den Dank und die Grüße von Cartelo Cabral an den Hamburger Kriminalbeamten, dessen schnelles Handeln zu dem Erfolg beigetragen hatte. Die Polizei in Rio wird noch eine offizielle Anerkennung nach Hamburg schicken. Vielleicht gab es ja eine Beförderung? Alles lachte. Es war Hilger gelungen, der Hamburger Presse unter Preisgabe vieler Details zu verhindern, dass die richtigen Namen der Beteiligten nicht veröffentlicht wurden. Hierfür waren ihm alle Beteiligten sehr dankbar. Ferreira entschuldigte sich und verließ das Zimmer. Nach einer Weile erhob sich auch Hilger, um seine psycho-kriminalistischen Fähigkeiten zum Einsatz zu bringen. Er ging hinaus, um Rita zu suchen. In einer Nische hinter der großen alten Standuhr entdeckte er sie – in enger Umarmung mit Pedro Ferreira. Hilger räusperte sich und sie fuhren auseinander.

„Sorry, Mister Hilger", sagte Ferreira einigermaßen verlegen, „ich bin hier Gast im Hause und muss mich für mein Benehmen entschuldigen. Es ist kein Abenteuer, es ist, als wenn wir beide schon immer auf uns gewartet haben."

„Schon gut. Ich bin nicht der Hausherr, Mister Ferreira. Aber jetzt muss ich Ihnen die Dame einmal entführen. Kommen Sie bitte, Frau Sommerfeld."

Rita erschrak ob dieser offiziellen Anrede – die Anrede eines Kriminalbeamten! Geht es noch um die Tropfen in Herrn Petersens Essen? Hatte er sie angezeigt? Herr Petersen hatte sie schon den ganzen Abend so durchdringend angesehen! Ihre verliebte Hochstimmung war mit einem Schlag verflogen.

Verunsichert folgte sie Hilger in die Bibliothek, wo er sie aufforderte, Platz zu nehmen. Er selbst blieb stehen, zeigte auf den offenen Wandtresor und schoss seine erste Frage ab: „Frau Sommerfeld, haben Sie dafür den Schlüssel?"

Eine Frage in diese Richtung hatte sie nie und nimmer erwartet. Sie traf sie mitten ins Herz. Ihr wurde abwechselnd heiß und kalt. Mit hochrotem Kopf stammelte sie: „Ich? Nein! Wieso?"

„Wie kommen Sie dann zu der Police, die Sie heute der Versicherungsagentur vorgelegt haben? Wo ist der gelbe Umschlag, der im Tresor gelegen hat?"

„Ich ... ich weiß nicht. Ich habe ihn nicht." Die ersten Tränen traten aus ihren schönen blauen Augen.

„Wie kommen denn Ihre Fingerabdrücke darauf?" Hilger zog den Umschlag zwischen den Buchreihen an der Wand hervor.

Rita sackte zusammen. Es ist aus! Es ist alles vorbei! Die waren in meiner Wohnung. Wie sind die nur darauf gekommen? Aber das ist ja nun alles egal. Sie blickte auf. Über ihr hübsches Gesicht liefen nun dicke Tränen. Schluchzend, mit gesenktem Kopf, brach es aus ihr heraus: „Ja, ich habe ihn aus dem Tresor genommen. Dr. Steinberg hatte mir doch den Schlüssel gegeben. Es war doch für unsere Zukunft! Und nun ist er tot. Das mit der Lebensversicherung war dumm, war saudumm von mir. Ich wollte aber auch nur die eine Versicherung kassieren, den anderen Versicherungsschein hätte ich irgendwie wieder zurückgeschickt."

„Auch das hätte Sie vor einer Verurteilung nicht bewahrt. Nun beruhigen Sie sich." Hilger bekam plötzlich Mitleid mit dem hübschen blonden Mädchen, ein Gefühl, das – wenn es ein „Fall" wäre – er rigoros unterdrückt hätte. „Frau Steinberg wird keine Anzeige gegen Sie erstatten. Sie sind aber, das soll ich Ihnen ausrichten, fristlos entlassen. Packen Sie Ihre Sachen. Das Appartement steht Ihnen noch bis morgen Mittag zur Verfügung. Nehmen Sie aber nur Ihre eigenen Sachen mit." Mit ungewohnt sanfter Stimme fügte er hinzu: „Ich will Sie nicht zur Kriminellen abstempeln, Rita. Nutzen Sie diese Chance, und lassen Sie sich nie wieder in eine solche Versuchung bringen. Und nun gehen Sie."

Das Schicksal meinte es gut mit Rita. Als sie ihre Sachen zum Wagen schleppte, war auf einmal Ferreira da, der sie überall unter dem Vorwand gesucht hatte, ihm ein Taxi zu bestellen. Hilger hatte ihm ein heimliches Zeichen gegeben, und er war hinausgegangen. Nun sah er Ritas verweintes Gesicht, und todunglücklich hörte er, dass sie das Haus verlassen müsse. Aber dann begriff er: Das war ein Wink des Schicksals!

Er stürmte ins Haus zurück, verabschiedete sich, küsste alle Anwesenden mit südamerikanischem Überschwang und war in ein paar Minuten wieder bei Rita. Er half ihr, ihre letzten Sachen in ihrem Golf zu verstauen und wartete im Auto, als Rita noch einmal zurücklief und sich ebenfalls von allen verabschiedete, tief beschämt, dankbar und glücklich zugleich. Es war das Ende zu einem neuen Anfang. Als sie und Pedro die Auffahrt hinunterfuhren, merkten sie nicht, dass die ganze Gesellschaft vor der Haustür stand und ihnen, jeder mit einem anderen Gefühl, nachsah, aber eigentlich niemand mit unverzeihlichem Groll ...

Ende

www.ingramcontent.com/pod-product-compliance
Lightning Source LLC
Chambersburg PA
CBHW021425170526
45164CB00001B/94